寻根溯源学汉字 轻松易懂又有趣

一字一世界

(19)
Y-Z

颜煦之 著

认识汉字·理解汉字·掌握汉字·运用汉字

湖南教育出版社

```
图书在版编目（CIP）数据

一字一世界．19，Y-Z／颜煦之著．－－长沙：湖南
教育出版社，2019.4
  ISBN 978-7-5539-6426-3

  Ⅰ．①一… Ⅱ．①颜… Ⅲ．①汉字—通俗读物 Ⅳ．
①H12-49

中国版本图书馆 CIP 数据核字 (2018) 第 232511 号
```

责任编辑：李　好	丛书策划：申晓华	审读统筹：申晓华
	版式设计：申曜年	责任校对：韦晓慧

一字一世界　19，Y-Z
YI ZI YI SHIJIE　19，Y-Z

出版发行：湖南教育出版社
　　　　　（地址：湖南省长沙市韶山北路 443 号　邮编：410007）
经　　销：全国新华书店
印　　刷：北京盛通印刷股份有限公司
　　　　　（地址：北京市经济技术开发区经海三路 18 号）
版　　次：2019 年 4 月第 1 版
印　　次：2019 年 4 月第 1 次印刷
开　　本：787 mm×1092 mm　1/16
印　　张：13
字　　数：160 千
定　　价：39.80 元
书　　号：ISBN 978-7-5539-6426-3

序

为他人写序无数，还从来没有一次像写这个序那样踌躇，那样焦虑，那样迟迟不能下笔，一再延宕。本是一件"轻而易举"的事，却总是不能完成，几乎日日纠结在心。自己都觉得奇怪。今天，终于坐到了桌前。因为，实在不能再拖延了——那边在急切地等着发稿呢。

造成如此状况，大概是因为我和煦之先生的友情实在太深、太浓、太厚了——总想写一个对得起朋友的序，正是这番对友情的特别在意，使得自己反而一拖再拖难以落笔了。

其实，这个序写得好或坏是无所谓的，甚至可以没有这个序，因为，他做的事，白纸黑字都明明白白地摆在眼前，其价值和意义是不用人再絮叨的。写个序，只是戴个"帽子"，不至于看上去太"秃"罢了，将区区一个小序看得那样"严重"，实在没有必要。

两年前在南京与煦之先生相会，他送了我一套他著的趣谈汉字的书，厚厚四册，我当时十分吃惊。回到酒店，埋在沙发中翻看，见他做的竟然还是含了学术——甚至是很学术的事情，更是吃惊。后来，我遇见谁都会提起这套书，一说书的妙、书的趣；二说煦之先生做事总不按常规，动不动就干出出人意料的事情来。不久，与好友方国荣先生谈出版之事，听他兴致勃勃地说要做一套关于汉字与人生方向的书，便立即将煦之先生的著作介绍给他。他也吃惊不小，很快就和煦之先生联系上了，没想到煦之先生竟神奇地又成就了一套方国荣先生心中所希求的新书。

此套书共十一册，还是关于汉字的。

细想想煦之先生做成此事，其实也无令人吃惊之处。他这个人，既是性情中人，又是一个执专心的人。一旦决定做一件事了，天底下也就只有这样一件事了。雷打不动，五头大牛未必能将他拽回。若是在夏季做事，你都能想见他干活时的样子：将门关住，短裤背心，甚至赤膊上阵，宽阔的脑门子上汗津津的，短而厚的手捏住笔就不肯放下，困顿时冲冲凉水澡，拍拍胸脯，拍拍脑门，提提神，接着再干。你以为他做的事，总出乎情理，而事实上，他做事就像他的体型一般稳重，方而正。这也是他的品格。

这一回，他的事做得有点大。

汉字文化，是个大题目，是一个意义非凡的大题目。九年义务教育新课程标准已经出台，与此前课标相比，其中一条被特别强调：要使学生懂得，汉字不只是一种纯粹的书写符号，也蕴含深厚的文化。煦之先生的研究事先当然与新课标毫无关系，只是他的思考与新课标的新维度暗合了。这也许是真知灼见者的不谋而合——所谓"英雄所见略同"。这套书，无意中可成为日后学生和语文老师学习、讲解语文的难得的参考书籍。

汉字是中国人极端聪明、非凡才智的结晶。有人在拿它与种种拼音文字进行比较时，故作深刻地说拼音文字是高度抽象能力的结果，那意思是说人家的东西要比我们的技高一筹。此等说法，不免肤浅。他们将象形文字的汉字，看成了依样画葫芦式的幼稚了，殊不知它的抽象能力其实是无与伦比的。这一个个神秘的方块字，无所不能，说事说理，皆妙不可言。我们可用它最完美地叙述这个世界，也可用它阐述这个世界上最精辟的原理和哲思。它的高度活性，字与字之间的微妙差异以及组词之后的无限能力，是任何一个熟练掌握它的人都会感到惊讶的。它是"魔方"。具象与抽象的完美统一，已抵达天造地设般的境界，使人觉得它本是造物主所使用的文字，是天然的。

更妙的是，一个个字，并不只是说事说理的符号，它们自身就是有意味的，甚至是有无穷意味的，一个个都是可以加以解读和欣赏的。从它们诞生的那一刻开始，它们就负载了若干意味。它们在不断变形的过程中，还暗含了历史的变迁。到了今天，每一个字，都有它的历史。"一字一世界"，还不抽象吗？抽象程度还要多高？可它确实又是形象的，因此，它与别种文字相比，又有了一个特殊的功能：审美。

它直接产生了一门艺术：书法。

从古至今，那些书法大家，用他们各具特色的书写，为我们提供了一个丰富的艺术世界。这个世界陶冶了中国人的性情，提升了中国人的生命境界。

煦之先生对汉字的认识价值和审美价值的理解与分析，就在这十一册书中。

写到此处，我忽然想起两件事来。一件是，好几年前，有个思维独特的年轻人四处奔走，并到处分发传单，说他经过长时间的研究发现，以英语为代表的拼音文字，其实也是一种象形文字。可是没有一个专家理会他。现在，这个年轻人不知到哪里去了，不知是否还在坚持他的"异端邪说"、继续他的"荒唐"研究。另一件是，一个大规模的制作和推广英语电子词典的公司的老板，向我展示了他的研究成果。他的研究成果与那个年轻人的结论一致，只是更加学理化：英语，也是一种象形文字。他当场向我解读了一个个英语单词，告诉我它们都是"象形的"。这个老板是学英语出身的，我当然不敢苟同他们的看法。但这两件事，倒使我看到了一个认识上的变化：作为象形文字的汉字，倒成了人家比附的文字了。

进入汉字魔方吧，其乐无穷。

2014年11月1日于北京大学蓝旗营小区

曹文轩，当代著名作家，精擅儿童文学，任北京作家协会副主席，北京大学教授，现当代文学博士生导师，儿童文学委员会委员，中国作家协会鲁迅文学院客座教授，是中国少年写作的积极倡导者、推动者。主要文学作品有《山羊不吃天堂草》《草房子》《天瓢》《红瓦》《根鸟》《细米》《青铜葵花》《大王书》等。

自序

当你拿起这本书,翻到这一面,我们就算有了一面之交。我很想拉着你的手,跟你聊两句。不多,就这么几句。

我这人一生与书有缘:读书、教书、编书、写书、出书、卖书、藏书……虽然如此,而今我却还是常读错字、写错字、用错字,还有很多不认识的字。究其原因,跟自己菲才寡学、天资愚钝有关。另外,恐怕跟汉字既多又难认难记有关。

汉字大约有十万个,常用的虽然只有三千来个,但要记住却非易事。据说,外国人把最难办的事说成"这比学汉字还难"。正因为此,近几十年来,国家成立专门机构,搞汉语拼音和汉字简化。

如今,全球有数千万"老外"学汉语,加上母语为中文的华人,使用汉字的多达十四亿人。怎样让这么多人轻松愉快地学汉字,是件十分有意义的事。我愿为此稍尽绵薄,所以编写了这本书。

汉字,是世界文化的明珠,是中华民族的骄傲。汉字,是先民们历经数千年,把对自然和社会的认识,巧妙地移植到一笔一画上而形成的。汉字,源远流长,魅力无穷,超群绝伦,华夏儿女应该发扬继承。

汉字,不仅仅是符号。对汉字,光凭眼睛看是不够的,形、音、义三位一体,那得细细品味,慢慢咀嚼,才能品出味儿来。有些字,是一幅生动的图画;有些字,是一个有趣的故事;有些字是一段复杂的历史;有些字,说的是生活常理;有些字,谈的是科学道理;有些字,讲的是深刻的哲理。每一个字,都值得我们欣赏、品味和探讨。若三五同好,聚在一起,谈古说今,咬文嚼字,得其三昧,那真是其乐无穷。

前人和当今有识之士,对汉字做了大量深入的研究,著述浩如烟海,硕果累累。作为门外汉,我不揣冒昧,也挤将进来,凑个热闹。

我将两千多个常用字,以科学分析和有趣故事相结合的方式,编写成这套书。我所讲解的每一个字,分为前后两部分。前半部分,我将这个字的形成、演变过程以及字形、字义、读音作简要介绍。凡此，仁者、智者，各有见解。我博采众长，或综合为一，或分别罗列，任君选择。后半部分，我以小故事等形式，更形象、更生动地来解释这个字的形、音、义。我不仅讲这个字的用法，而且讲这个字的结构特征，讲这个字笔画的用意，讲这个字和相似字之间的区别。我还特别注意解释字的读音，以便区别这个字与其它谐音字之间的区别与联系。我讲了两千多个汉字故事，与这些故事相关联的汉字有六千多个，几乎包括了所有的常用字。这便是字中有字，这才是真正的汉字故事。

顺便说一句，这里的故事，有些是我的创作；有些是据资料编写；有些是来自民间的汉字俗解。其中有些内容，"俗文学"也罢，荒诞也罢，读者朋友切莫当真。你尽可把先贤们的论著当作学术理论，把我这儿写的，权且当作插科打诨。因为我的目的很简单，我只是想通过这些小故事、小笑话，以及诗词、对联、谜语、民歌、童谣、字谜、谐音、测字、解字、解梦、避讳这些形式，加上奇闻轶事、文坛掌故……以此搭座桥、凑个趣，使朋友们认识这些字，辨别这些字，掌握这些字，记住这些字。

我愿把这套书，献给对汉字情有独钟的朋友。让大家在茶余饭后，有个谈笑的话题。这种话题，雅俗共赏。

我愿把这套书，献给学汉字的外国朋友。让他们更多地了解汉字的丰富多彩。愿他们在轻松愉悦中掌握汉字。

我愿把这套书，献给青少年朋友们。让他们在课外阅读时，带着笑脸，品味每一个字的结构和内涵。

我愿把这套书，献给我的教师同行们，为他们在备课时提供点资料，使他们在讲课时增加点情趣，让他们在课堂上引发出阵阵欢笑声，使孩子们在寓教于乐中理解汉字的博大精深。

当你手捧这一套沉甸甸的《一字一世界》时，我要深情地向你介绍为这套书的出版作出不懈努力的至爱亲朋。首先要说的是我的出版人申晓华先生。他不辞辛劳，担当风险，近十年来不离不弃，专注于此书的出版发行。好友曹文轩先生，热情为这套书作序，为这套书增光添彩。资深编审王林军先生，是这套书第一版的责任编辑，他为这套书奠定了基础。著名画家，装帧设计家朱成梁先生，为这套书的第一版，设计了精美的封面和版式。著名漫画家何天卫先生和叶霆先生，为这套书提供了大量生动活泼的插图和图案。著名儿童文学家方国荣先生，为这套书的第二版出版，作出了不懈的努力。这套书由第一版的七百余汉字故事，增补为两千余故事，经历了十多年的艰辛创作，其间幸有编审谢芳女士，著名汉字研究专家唐汉先生，古典文学博士陈光先生，著名青年书法家陈义望先生……他们参与了这套书的审读、修订和把关，指出了书中的不足和差错，保证了这套书的出版质量。因为这套书讲的是汉字知识，出版社是以辞书的标准来保证这套书的质量的。

  图书出版，是很难完美无缺的，总会留下一些缺憾。这套《一字一世界》也概莫能外。我壮志不已，耕耘不辍，仍在收集汉字故事，愿继续努力，将三千多常用汉字，都配上生动有趣的故事，编成一本既可当字典，又可当故事的"阅读字典"，以供读者朋友们赏阅。

  说到读者朋友，我激动不已，感慨万千。自该书出版十多年来，因书中有我留下的手机号码，我先后收到一百余位读者来电。有的指出差错，有的提出建议，有的给予鼓励，有的提供故事，有的只讲了几句：感谢你，继续努力……

  我决不辜负读者朋友的厚爱，再接再厉，使这套书日臻完善。如你购得此书，那我们也就心灵沟通，成为志同道合的文友。君不闻，前世修得八百次回眸，今生方得一次擦肩而过。你我有缘，你才翻阅此书。以书会友，是我三生有幸。

  如蒙赐教，请记住我的手机号码：13705181009。我当洗耳恭听。

  感谢你阅读此文！
  感谢你阅读这套书！

二零一九年三月
于南京长江大桥堍

目录

Y

人头所在的部位——元 / "元"字拆开是二八 …………… 2

种植果树的地方——园 / 老"园"丁巧劝园主任 ………… 4

表示方圆的员 / "员"字写成呙字 …………………………… 6

长衣服的样子——袁 / 吉头衰尾"袁"世凯 ……………… 8

水从山洞中流出——原 / 倒吊齐桓公——原 ……………… 10

环合一圈很完整——圆 / "圆"与"破镜重圆" …………… 12

衣服的饰边——缘 / 有"缘"邂逅 百载良机 …………… 14

水流起始的地方——源 / "源"与"世外桃源" …………… 16

路途遥远 / "来远楼"引火烧身 …………………………… 18

心中愤懑仇恨——怨 / 不能死心眼儿——怨 …………… 20

小心谨慎——愿 / 原地打转,不想升官——愿 ………… 22

口中吐出的话——曰 / 嘴里长舌头就是为说话——曰 … 24

用绳索紧紧捆缚——约 / "约"和"约束" ……………… 26

弯弯的月亮 / "月"字写错了 ……………………………… 28

高大的山岳 / 丘山为"岳" ………………………………… 30

在门内清点计算——阅 / 登门兑现还旧账——阅 ……… 32

心里感到很高兴——悦 / 两兄弟一条心——悦 ………… 34

舒卷飞动的云彩/没有鬼魂——云 …………………… 36
一物平分为二——匀/百蝠流云与"福匀" …………… 38
春耕夏耘除草忙/一边讲话一边走来——耘 ………… 40
点头答应——允/最短的汉字电报——允 …………… 42
大肚子女人——孕妇/徐文长出字谜——孕 ………… 44
移动运行/年号不吉利——运 ………………………… 46
环绕太阳的光环——晕/老中医说眩"晕" …………… 48

Z

各种颜色相配合——杂/八九不离十——杂 ………… 52
房舍被大火烧毁——灾/灭顶之"灾" ………………… 54
被刀砍伤后呼叫——哉/三人共说"哉"字 …………… 56
人或物入于车内——载/"载"和"车载斗量" ………… 58
罪奴在屋下杀牲——宰/"宰"和"宰相" ……………… 60
心中挂念孩子——崽/小狗"崽"子 …………………… 62
两条鱼重叠——再/"再"和"东山再起" ……………… 64
每日时间很短促——暂/"暂"字露祸形 ……………… 66
接礼后引见主人——赞/笔"赞"岳飞忠臣 …………… 68
做酒剩下的渣滓——糟/三雄赤壁之对——糟 ……… 70
太阳刚刚升起的早晨/太阳照田中——早 …………… 72
高大带刺的枣树/汉武帝出字谜——枣 ……………… 74
用砖坯砌成做饭的炉灶/七"灶"八灶,两灶连心 …… 76

乘船前往造访 / 铜镜铭文查年代——造 ………… 78
众多鸟虫乱叫——噪 / "噪"和"鼓噪" ………… 80
刻在鼎上的规则 / "作则"和"作贼" ………… 82
向借债人讨债——责 / 神圣的职"责" ………… 84
用刀戈毁坏宝贝——贼 / 戒贝不成"贼" ………… 86
添土夯实增加高度 / 替江山增色——增 ………… 88
蒸食物的蒸器——曾 / 真心实意说"曾"字 ………… 90
用绳索捆扎 / 扬手赶孔子——扎 ………… 92
花言巧语欺骗人——诈 / 狡猾的小滑头——诈 ………… 94
祭祀前整洁身心——斋 / 宇宙奇观绘我"斋"壁 ………… 96
用手采下果实——摘 / "摘"和"寻章摘句" ………… 98
欠别人的财物——债 / 做人的责任——债 ………… 100
被水浸湿——沾 / 酒"沾"衫袖重 ………… 102
向前或向上看——瞻 / 苏子"瞻"被贬儋州 ………… 104
车裂刀砍为斩 / 车斤相谢——斩 ………… 106
穿衣时伸展肢体 / "展"和"招展" ………… 108
养牲口的竹木棚——栈 / "栈"和"恋栈" ………… 110
带着武器参加战斗 / 比武招亲——战 ………… 112
加弦于弓——张 / 弓长射杀人——张 ………… 114
十音为一章 / 童字无根——章 ………… 116
错综驳杂的花纹——彰 / 袁世凯和"彰"德府 ………… 118

枝叶繁茂有香气的樟树／急找"樟"木箱……120
手持拐杖的长辈／校长谈"长"字……122
水面升高——涨／王心已偏，不能挽回——涨……124
手心和手背——掌／"手掌"与"拳头"……126
手拿一根棍棒——丈／名副其实的"杖夫"……128
扶着走路的棍子——杖／"杖"藜扶我过桥东……130
罩床上防蚊用品——帐／长巾"帐"中女子好……132
财物进出的记录——账／"混账"和"混帐"……134
崇山阻隔交通——障／"障"和"一叶障目"……136
打手势叫人来——招／"招摇"如何"过市"……138
太阳从草木间升起——朝／十月十日为"朝"……140
手指甲和脚指甲——爪／卖"瓜"子和卖"爪"子……142
划船向前寻方向——找／寻"找"债务人……144
急走跳跃——赵／天下第一姓——赵……146
燃火放光明——照／"照例"和"是的"……148
捕鱼的笼子——罩／鱼罩罩鱼鱼在罩……150
阻挡不易通行——遮／走进庶民之中——遮……152
用斧头砍断——折／接起来还是断——折……154
昆虫和动物冬眠——蛰／惊"蛰"的景象……156
车轮碾过的痕迹——辙／"辙"和"合辙"……158
架起木柴在燃烧——者／王老"者"一身土气……160

用火具来占卜——贞 / 与上人——贞 …………… 162

宝贵的东西——珍 / 内藏玛瑙"珍"珠 …………… 164

得道升天的真人 / "真"字的立足点 …………… 166

坚硬的木材——桢 / 宰相之体必高中——桢 …… 168

达到完善的地步——臻 / 欢迎来到秦家娶秦"臻" …… 170

传说中的毒鸟——鸩 / "鸩"鸟和"饮鸩止渴" …… 172

第一人称代词——朕 / 与"朕"是老友 …………… 174

南征北战 / 吴三桂征粮——征 …………………… 176

瞪眼怒视——睁 / 天"睁"眼 …………………… 178

竹制的拨弦乐器——筝 / 蓝天的大风"筝" …… 180

麻杆烧火热气蒸人 / "蒸"的真正好吃 ………… 182

救掉入坑中的人——拯 / 冤民难听救"拯"令 …… 184

约束敲打使端正——整 / 细说东北方言的"整" …… 186

横平竖直好一个正 / 一年而止——正 …………… 188

隆重祭奠——郑 / 郑和姓"郑"的来历 ………… 190

尽力支撑——挣 / 用手劳动"挣"钱 …………… 192

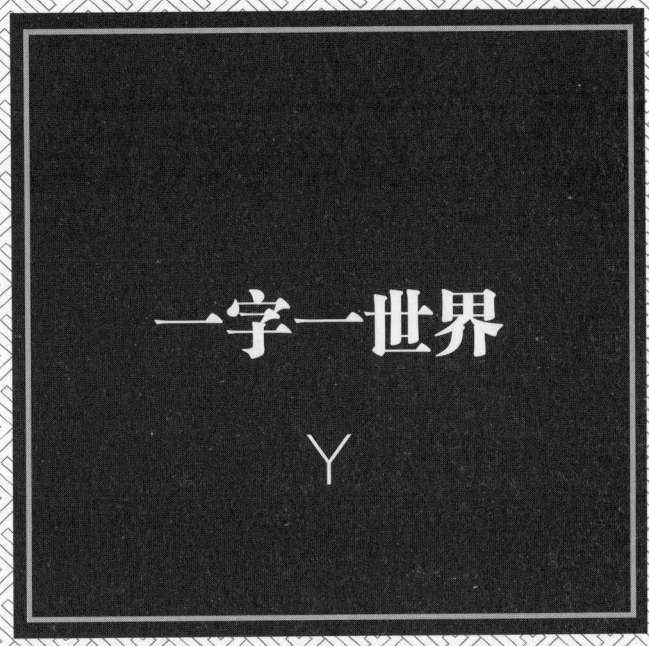

人头所在的部位——元

yuán
元

甲骨文 ᚎ
金文 ᚏ
小篆 ᚐ
隶书 元
楷书 元

甲骨文的"元"字，上半部是"二"字，下半部是"儿"字。这"儿"字是古代"人"字的异体，整个字形像在"人"字上添加一横，指出人头所在的部位。这是个指事字，"元"字的本义就是"人头"。

人头按照从上而下的顺序看，是人体的开始，所以"元"字引申为"开始、第一"的意思。如元旦，是新年的第一天；元年，是帝王或诸侯即位的第一年。

人的头部在身体中具有十分重要的作用，因此"元"字也引申为"重要"的意思，指某个组织中占有重要地位的人，如元帅、元首、元老、元凶等。

"元"字也表示构成一个整体的某个部分或某个零件，如"元素"、"元件"。

"元"字也被用来表示天地万物的本源，含有根本的意思，如元气。古人认为元气是产生事物变化的原始物质，后来"元气"也指人或国家、组织的生命力。如若人的身体受到伤害或国家遇到灾难，就称之为元气大伤。

中国古代有一个传统的节日：元宵节。

此外，在现代汉语里，"元"还作为货币单位被使用，它是人民币的基本单位之一。

"元"也是中国古代的朝代名，它指在宋朝之后、明朝之前的一段时间。

中国的一种古猿人叫"元谋人"，因其化石在云南省元谋境内被发现而得名。

"元"字拆开是二八

唐朝年间，有个人名叫李淳风，他是太宗、高宗两朝时的著名学问家。因其博览群书，擅于占卜之术，深受太宗皇帝的器重，官封太史令。

一天，李淳风的表妹身怀六甲，便来找李淳风，想测测肚子里的孩子是男是女。

李淳风让她写一个字。表妹想了想，随手写了一个"元"字。

李淳风看了，笑着说："你肚子里必是女儿无疑。"

表妹不相信，因为在此之前，她问过的许多术士都说她将生男孩。

李淳风解释说："'元'字分开是'二'和'八'，这'二'和'八'按八卦所属，便为长女。因为你望子心切，那些术士无非是迎合你的这种心理在骗你。"

表妹将信将疑，后来果然生下一女，这才信了李淳风的话。

种植果树的地方——园

yuán

园

金文

篆

小篆

園

隶书

园

楷书

"园"字是个形声字，外面的方框是形符，里面的"元"字是音符。繁体字的"元"写作"袁"，后简化为"元"。

"园"字外面的方框，就像园地四周的围墙。这种围墙有砖砌的，有土垒的，也有用木棍竹竿搭建的，或是竹篱笆围成的。围墙里种着果树，所以"园"的本义指"种植果树的地方"。如果园，桃园，梨园。

"园"由指种植果树的地方，扩展至泛指种植花果、树木、蔬菜的地方，如花园，菜园，瓜园，园田，园圃。

"园"里有花草树木，又延伸指供人浏览休息的地方，如公园、动物园、园林、园子、园地。

人们把种植蔬菜、花卉、果树的技术称为"园艺"。掌握这些技术的人才被称为"园艺师"。从事园艺的工人被称为"园丁"。

教育孩子，就像培育幼苗，所以人们又把教师，特别是小学教师也称为"园丁"。

随着词汇的发展，人们又把学校所占的地方称为"校园"、"幼儿园"。

因为果园、菜园都在人们住房附近，所以"园"又引申为"家乡"，如：故园，家园。

宋·黄山谷

元·鲜于枢《三希堂法帖》

老"园"丁巧劝园主任

江苏无锡有几十位退休教师,他们组织了"老园丁俱乐部",推举陈老师为"园长"。大家每月聚一次,玩得很开心。

这个月,几十个人来到太湖边的公园游览。有些人好多年没来了,觉得公园变化很大,处处新鲜。

一行人在陈老师带领下,盘山而上,想到湖边去观赏湖光山色。不料,半山腰新建了个"兰花园"。要进园看兰花,得花三十元买门票。看完兰花,可从后门直达湖边。若不买票进兰花园,就得绕道而行。为此,老园丁们跟守门的争论起来。正吵着,从园内走出位中年汉子,自称是园主任,有事可找他。

陈老师安排众人在树荫下休息,他主动跟园主任攀谈起来。陈老师自我介绍说:"我们是教师,被人称为'园丁'。其实真正的园丁是你们。管理好一个园子,也实在不易啊。"

这番话,说得园主任心里热乎乎的,他请陈老师到屋里坐。

陈老师指着刻在大石块上的"兰花园"的"园"字说:"这三个字,就数这'园'字有讲头。'园'字,外面一圈是围墙,里面'元'字是读音,本指围墙里有花草树木,可现在依我看,里面这'元'字不仅仅表示读音,还代表一元两元的钱呢。游人要花三十元钱,才能从这儿经过,这不是拦路抢劫吗?"

园主任一听,忙解释:"这是上头规定的,我也没办法。"

陈老师拍拍他肩膀,既严肃又友善地说:"请你给领导带个信,君子爱财,取之有道。游客进公园已买了门票,你们在这里又围了个圈子再捞几十元,这实在不合理,我们要投诉!"说罢,转身出门,招呼众"园丁",继续向山上爬去。

yuán
员

表示方圆的员

甲骨文的"员"字是个指事字,这"员"字是在一个鼎的上方加一个圆圈,表明这鼎口是圆形的意思,其本义就是表示圆形。

小篆的"员"字是个上下结构的形声字,下面是个"贝"字,这是个圆形的货币;上面是个"口"字,这个圆圈的变形,表示读音,其本义也是指圆形,这也就是"圆"的本字。后来因为有了方圆的圆,这"员"字才转作他用。后人们对"贝"字作了简化,成为"员"。

转作他用的"员"字,表示周围,如幅员广阔。

"员"字被用得最多的是表示工作学习的人,如学员,演员,教员,服务员,营业员。也指组织或团体内的人,如会员,队员,成员,团员,党员。

"员",也作量词用,如一员武将。

隋·智永《真草千字文》

唐·孙过庭《草书千字文》

唐太宗《淳化阁帖》

唐·怀素《自叙帖》

"员"字写成呙字

清朝年间,杭州有一位读书人名叫郑林。他参加乡试,考了几年,也没考中秀才,仍然是个生员。

这一年,他又参加乡试。发榜前,主考官看了郑林的试卷,觉得他文采尚可,又考了这么多年,想放他一马,让他考中秀才。可再仔细一看,发现他写的文章中的一个员外的"员"字被他误写成了"呙"字。这"呙"读"guō",是个姓,加金字旁便是"锅"。

主考官找来郑林,诚恳地说:"虽然你的文章写得不错,但应该注意每一个字的笔法,万万不能粗心大意你将这个'员'字写成了'呙'字就不应该,它俩的区别大得很哩!"

不料郑林竟满不在乎地回答道:"不就是下面的'人'字写到里面去了一点吗?没关系,照样能用!"

主考官听了,生气地说:"如果这两字能通用,我一定取你为秀才,若不通用,你还得当生员。"

郑林听了,羞得满脸通红,哑口无言,结果没考中,仍然是个生员。

长衣服的样子——袁

yuán
袁

甲骨文
金文
小篆
隶书
楷书

古代的"袁"字，是个上下结构的形声字，上面是个"吉"字，表示读音；下面是个"衣"字，表示这个字与衣服有关。

"衣"字在这儿不仅仅表示衣服，它是指一种特别长的衣服。为什么这么说？有人根据"袁"字上面的"口"字分析，它表明这件衣服四周不接触别的东西，很宽大。另外，古代衣字上部的字形是"之"字的省笔，表示伸展，也就是衣服很长。综合起来看，其本义就是指"长衣服的样子"，所以《说文解字》对"袁"字的注释是"长衣貌"。

对于今日的"袁"字，人们几乎已忘了它的本义了，只把它当作姓氏用。

汉西·岳华山庙碑

东晋·王羲之袁生帖隋

草书韵辨

吉头衰尾"袁"世凯

提起姓"袁"的，人们很容易想到窃国大盗袁世凯。这里讲个跟"袁"字有关的故事。

却说清朝被推翻后，袁世凯上下活动，内外勾结，终于在1913年6月当选为大总统。他一心要挑个良辰吉日举行就职大典。经多方考证，时间定在10月10日上午10时10分。

据说，当时民间有位占卜大师就预言："这10月10日虽是个吉日，但袁大总统姓袁，"袁"字乃'吉'头'衰'尾，就是'吉'字的头，'衰'字的尾巴，衰者，衰落、衰败也，看来不得善终。"

果不其然。10月初，连日晴天，偏偏在10月10日上午，老天刮风下雨，庆典场地一片狼藉。地上泥泞不堪，拉车的一匹马滑了一跤，跌倒在地，使车辕折断。前面的马受惊，折断的辕木正巧刺入这匹马的腹部，马顿时血流遍地，惨不忍睹。

袁世凯当上总统，又想当皇帝，遭到中国人齐声反对。两年后，他就一命呜呼。果真应了占卜大师那句"吉头衰尾"的预言。

对于这个故事，与其说这占卜大师测字测得准，倒不如说他对袁世凯的倒行逆施看得准，对当时政治形势认得准。

yuán
原

水从山洞中流出——原

古代的"原"字是一个会意字。

金文中,"原"的字形像一块岩石下面有一个洞口,洞口里流出水。

小篆中的"原"字与金文大致相同,只是在象形的基础上,会意的成分有所增加。

在隶书中,"原"字已经和今天的字非常相像了。其实"原"字和"源"字本是同一个字,而"源"字的本义是指水的源头,所以"原"字的本义是"水源"。

"原"这个字在现代汉语里的意义比较多,"原"字由它的本义引申出来,表示"最初的、开始的、本来的或未加工过的",如原始、原来、原油、原煤、原先、原班人马等。

"原"字也表示原谅的意思,如原谅,情有可原。

起伏很小、海拔较低的平地被称为"平原"。而"高原"指海拔较高、地形起伏较小的大片平地。这里的"原"是指宽广而平坦的地方。

"原"字也作姓氏用。

甲骨文

金文

原
小篆

原
隶书

原
楷书

唐·颜真卿《祭侄稿》

宋·苏轼《三希堂法帖》

倒吊齐桓公——原

齐桓公是古代春秋时期齐国的国君，小名为"小白"。

那时诸侯纷争，战火不断。后来出现五位霸主，首先称霸的就是齐桓公。

齐桓公之后一千多年的晋朝，有位才子名叫温峤。这温峤进京赶考，途中在一家客店投宿。因客房住满了，店主只好在客堂搭了个铺，安排他休息。

温峤抬头一看，墙上挂了一幅字，写着："一间大厦空又空，里面倒吊齐桓公。"

这幅字既不像诗，又不像对联，上面沾满灰尘，挂这儿算什么意思？

店主见温峤好奇，便解释道："这是一位客人留下的。他说是一个字谜，到如今五六年了，没人猜得出！"

温峤不由"哦"了一声，仔细琢磨起来。

温峤毕竟是个才子，他博学多闻，见多识广，经一夜苦思冥想，他终于猜出来了，这是个"原"字。

何以见得这个字谜的谜底就是"原"字？细加分析，果然是个"原"字。你看，"原"字的外框好像一座大厦，把里面的"夏"字去掉成了"厂"，里面不是空空的么？最关键的是后面一句话："倒吊齐桓公"。因齐桓公又名小白，小白二字相加，倒过来，放进"厂"里不是个"原"字么？

第二天一早，温峤把谜底告诉店主，店主连声称赞，当场把条幅取下了。

[瓦当欣赏]

秦汉画像瓦当

一字一世界

环合一圈很完整——圆

yuán
圆

甲骨文的"圆"字是个象形字,下面的字形像煮食物的鼎,鼎上面一个圆圈,表示鼎口的圆形。小篆的字形承接甲骨文,下面作省略。隶变后的楷书写作"员"。本义指"圆形"。

后来"员"字由本义引申指"数量、成员"。如队员,会员,满员。又表示从事某种职业的人员。如演员,官员,服务员。又作量词,如两员战将。古人为分化字义,就在"员"字外面加方框写作"圆",专门表示圆形。由此可见,"员"字是"圆"字的本字,是最早的"圆"字。

小篆的"圆"字就成了个全包围结构的形声字兼会意字,外面的方框作形符,里面的"员"字作声符并会意。隶变后的楷书写作"圆",现简化为"圆"。"圆"字的本义指"圆形"。用于画圆或弧的两脚规称"圆规"。圆形的圈子称"圆圈"。桌面是圆形的桌子称"圆桌"。还有圆周、圆柱、半圆、扁圆、方圆、滚圆、浑圆、圆柱体等词。

"圆"字由本义引申指"周全、完备",如没有欠缺,使人满意,称"圆满";纯熟又称"圆熟";亲人团聚来得齐全称"大团圆"。由上义引申指"使周全、使完备",如圆满,圆场,圆滑,圆谎,包圆,自圆其说。

"圆"字由本义又引申指"像球状的",如圆球,桂圆,汤圆,溜圆,圆白菜。又假借指"声音婉转滑利",如圆浑,圆润。又假借指"货币单位",如十角等于一圆。还有钢质的钱币称"铜圆",也作"铜元";还有"银圆",也称"银元"。还有日圆、美圆等词。

甲骨文

金文

小篆

隶书

楷书

"圆"与"破镜重圆"

距今一千五百多年的南北朝末年，北周的丞相杨坚夺取皇位，接着率兵南下，灭了南陈，南北朝就此结束，中国又形成了统一局面，这就是隋朝。皇帝就是隋文帝杨坚。

在隋文帝发兵进攻南陈时，南陈的皇帝陈后主陈叔宝，乃不知死之将至，仍然寻欢作乐，过着荒淫无度的生活。

当时有个文人名叫徐德言，他的妻子是陈后主的妹妹，名叫乐昌公主。徐德言眼看就要国破家亡，妻离子散了，便对妻子说："国将亡，你身为公主，必定被俘，押往北方，你我天各一方。若我俩命大不死，尚有团聚之日。"说罢，他将家中珍藏的一面圆圆的铜镜锯为两半，一半交给乐昌公主，一半自己保存。两人相约，离散后在隋都第一个元宵节，在市中心十字街头最热闹处，以假装出售铜镜为名，借此寻访对方下落。

南陈被隋灭亡后，乐昌公主果如徐德言所料，与其他皇室成员一起，被押往长安。乐昌公主被分在"越国公"杨素家当奴婢。徐德言不食前言，不忘妻子，经数十日长途跋涉，终于来到京城长安，他急忙四处寻找妻子。元宵节那天傍晚，徐德言在闹市口仔细寻找，终于在一卖镜子老人的摊头，赫然发现那半面破镜。徐德言取出自己那半面一相合，丝毫不差。他向老人打听，方知乐昌公主已被杨素纳为侍妾，他不由暗自伤心，自知无法团聚，便在破镜上各题了一首《破镜诗》：

　　镜与人俱去，镜归人未归；
　　无复嫦娥影，空留明月辉。

这位卖镜老人，是奉乐昌公主之命来卖镜子的。他将徐德言题诗的半面镜子带回去，乐昌公主看了这四句诗，不由失声痛哭。杨素得知，深表同情。他派人找来徐德言，让他接回妻子，重新团聚。

后人根据这段故事，编成成语"破镜重圆"，流传至今。这一成语，专指夫妻离婚或失散后重逢或复合。这里的"圆"字既有团圆之意，也有圆满之意。

一字一世界

衣服的饰边——缘

yuán
缘

"缘"字是个左右结构的形声字兼会意字,左边的"绞丝旁"作形符,表示跟丝织品有关;右边的"彖"字读"tuán",作声符并会意。

"绞丝旁"和"彖"字组合,指"衣服底边的装饰"。这种装饰是用丝线把边缘的缝"fèng"隙用线缝"féng"上,使其连在边上。因要用丝或线,所以用"绞丝旁"作形符。

古人为什么用"彖"字作"缘"字的声符呢?

古代的"彖"字是个象形字,在甲骨文中像屠杀猪的形状。杀后割毛整治,不少辞书将此说作"毫兽",认为"缘"是指衣边装饰,就像"毫"附着在兽身上,所以"缘"用"彖"作声符并会意。但此说让人犯糊涂。何为"毫兽"?指兽的毫毛,又为何不称"兽毫"?再说兽的毫毛与边缘装饰关系不大。在《现代汉语词典》中也未见"毫兽"一词。

有学者认为,"彖"指猪在圈中转来转去,总是绕着一个圆圈。《说文解字》解释为"彖,豕走也"。"缘"有"绕"的意思。从这个意义上说,"彖"字是"缘"字的本字。"豕绕"指猪总是绕着一个圆圈,而圆圈总是在边缘,所以"缘"有"边"的意思,故用"彖"作声符。

楷书的字形由小篆演变而来,写作"緣",后简化为"缘"。本义指"衣服的边饰"。"缘"字由本义引申指"边沿",如外缘,边缘。"缘"字又假借指"顺着、沿着",如缘着小路就到了。由上义引申指"攀登",如攀缘,缘木求鱼。又假借指"因为、因由",如缘由、缘故、缘起。还假借指"缘分",如结缘,机缘,良缘,投缘,人缘,血缘,无缘,姻缘,不解之缘。

緣 小篆

緣 隶书

缘 楷书

有"缘"邂逅　百载良机

这里讲个跟"缘"字相关的对联故事。

却说清朝乾隆年间,宜兴举子周茗山赴京赶考,先由家人送至无锡,再由无锡转乘大船,由京杭大运河去北京。他在无锡南门下了船,告别家人,去找小旅馆住下,等班船赴京。

在船码头,周茗山见一老者路过,便上前打听,何处有价廉又干净的小旅社。老者热心地指点说:"向前左拐没几步便是。"

周茗山找到这旅社,店主说,今日客满,要等退房才有空床。周茗山耐心等待。不一会,指路的那位老人走了进来,说是退房。店主将两人引进房间,分别办了退房及住房手续。老先生是江阴顾山人,刚送儿子上船赴京赶考,现在等便船回家,一老一少相谈甚欢。巧的是两人都姓周,更巧的是周老先生的儿子名周顾山。老先生是秀才,以教私塾养家糊口。他讲了一番历年赶考的经历,深感功成名就之不易,周茗山听得入神。眼看天时已近中午,老先生怕耽搁便船,便依依作别了。

老先生走后,周茗山整理床铺时,发现枕下有一封信,内有汇票及一转交信件,写有"周顾山"三字,心想必是老先生是他走得匆忙而丢下的。

周茗山揣着信,立即赶往南门码头。见老先生还在等船,他将信和汇票递上。老先生见他气喘吁吁,不由感激万分,还恳切委托,到了京城,请按信上地址找到周顾山的舅舅。周茗山一口答应。

老先生拉着周茗山的手夸奖道:

　　无意相逢,老朽喜识千里马,真乃三生幸事。

周茗山一听,老先生是在出上联啊,立即对出下联:

　　有缘邂逅,小子胜读十年书,可谓百载良机。

这里的"缘"字,表白了他与老先生很有缘分。邂逅"xiè hòu",只是偶然遇见,只因有缘才得相识。老先生听罢,连声称赞。

一字一世界

水流起始的地方——源

yuán
源

甲骨文

金文

小篆

源 隶书

源 楷书

"源"字是个左右结构的形声字，左边的"三点水"作形符，表示跟水有关；"源"字右边的"原"字读"yuán"，作声符并会意。

"水"字与"原"字组合，指"水流起始的地方"。因指的是水流起始的地方，这跟水有关，所以古人用"水"字作"源"字的形符。

古人为什么用"原"字作"源"字的声符呢？

金文的"原"字是会意字，字形的左上方是"厂"字，这表示山崖；这山崖的下面有泉水流出来的样子，表示这儿是水源。隶变后的楷书写作"原"。

"原"字的本义指"水流的源头"。"原"字由"水流的源头"这一本义，引申指"事物的开始"，又引申指"事物的根源及来源"，还引申指"谅解、原来"等义。又引申指"高平之野"，称之为"高原"。"原"字为引申义所专用，古人就在"原"字左边加"三点水"，专门用来表示水流的源头之义。由此可见，"原"字是"源"字的本字，是最早的"源"字，它理所当然地被看作是"源"字的声符兼意符了。

楷书的字形由小篆演变而来，写作"源"。

"源"字的本义指"水流的源头"，如水流和水源称"源流"，泉源称"源泉"，水发源的地方和事物的根源称"源头"，河流起源称"发源"，还有河源、泉源、水源、溯源等词。"源"字由本义引申指"事物的来源或根由"，如使事物产生的根本原因称"根源"，比喻事物的本源称"渊源"，还有能源、震源、资源、热源、电源、光源、货源、财源、起源等词汇。

"源"与"世外桃源"

距今一千六百多年的东晋时期，有位诗人、文学家，名陶潜，他所作诗文，很多是描写田园风光、农村景色的，以《归田园居》《饮酒》《桃花源诗》等为代表作，其中散文《桃花源记》最为出名。

《桃花源记》描写了在一个优美的环境里发生的，一个神奇的故事。

故事发生地据说是在湖南常德一带。有一天，一位渔民划着小船，沿一条小河捕鱼。不知不觉，他迷失了方向，正焦急，忽闻一股花香，不由划船过去，见一山洞。他将船靠岸，走进洞里，只见两岸桃花盛开，河水碧绿，桃花绿水，相映交错，景色美不胜收。渔人觉得奇怪，他往日沿河捕鱼，常到这儿来却从没见过这种美景啊。

渔人继续向前走去，只见四周一望无际，田地平坦肥沃，长满稻谷。再一看，河边不少村庄映掩在绿树从中，房屋排列整齐，房前屋后，茂林修竹，或有池塘，或有沟渠，河水淙淙，远处还不时传来鸡鸣狗叫声。再往前走，只见来往的人衣着奇异，从未见过。渔人的到来，似乎也惊动了这儿的居民。他们看到渔人，也显出惊讶的神色，有人主动上前搭话，并邀请他进屋作客。人越聚越多，大家忙着宰鸡杀鹅，炒菜做饭，来款待渔人。

经一番交谈，渔人方知，这里的人的祖先，是在秦朝末年，为躲避战乱才躲进这与世隔绝的地方的。他们不知道自秦之后，还有汉朝、三国及晋朝呢。他们听渔人说了外面世界的情况，都发出了叹息。

渔人在这儿待了半日，划船往回走。他一路做了标记，打算再回来。渔人回家后，急忙将所见情景向太守报告，太守派人跟随渔人去找这山洞，可他找来找去，再也找不到这神奇之地了。

这篇优美的散文，为后世留下了"桃源""桃花源"和"世外桃源"这些词语。"桃源"，指桃树林的尽头。"世外"，指超出现实社会之外的地方。后人就用"世外桃源"和"桃花源"来比喻理想中的美好世界，也含有空想和脱离现实\不能正视现实的批判意味。

路途遥远

yuǎn
远

甲骨文
金文
小篆
遠 隶书
远 楷书

　　古代的"远"字是个形声字兼会意字，"辶"为形符，表示跟行走有关；右边的"袁"字是声符，读"yuán"，两形相合，指相互之间距离很长，要走很长的路。

　　古人为什么用"袁"字作"遠"字的声符呢？

　　古代的"袁"字是个形声字，下半部分的"衣"字是形符，本义指"衣服特别长的样子"，就是我们常见的长衫。正因为"袁"有长的意思，而"遠"也有距离长的意思，所以"遠"字用"袁"作声符并会意。后来的小篆字形由金文演变而来，楷书写作"遠"，后简化为"远"，以"元"字为声符，走之旁为形符，这就成了单纯的形声字了。

　　"远"字的本义指"从起点到终点的距离长"。这个距离，既指空间，也指时间，如远程、远道、远方、远古、远见、远郊、远近、远景、远虑、远望、远行、远洋、远游、远征、远祖、长远、久远、偏远、深远、遥远、悠远、望远镜、远见卓识。

　　"远"字由"距离长"这一本义，引申指关系"疏远、不密切"，如远亲，远房；也表示"不接近"，如敬而远之；由此又引申指"差别大"，如远远不如，差得远，舍近求远。

　　"远"字也作姓氏用。

"来远楼"引火烧身

明朝洪武年间,出了个测字名家叫张成初。此人文字功底深厚,想象力很丰富。

朱元璋当了皇帝后,大兴文字狱,不知冤枉了多少人。

因为皇帝喜欢在文字上胡乱猜想,无事生非,有些大臣也跟着学,由此又增添了不少因文字而产生的冤假错案。

却说洪武十三年,浙江桐庐有个名叫刘文的人任知县。此人善于溜须拍马,他听说朝廷将派一位王公到桐庐巡视,便兴师动众,特地将城南面对富春江的"江南楼"改名为"來遠楼",表示欢迎远道而来的王公大臣。

刘知县亲自写匾,让人挂上城楼。揭匾这天,不少人来看热闹。张成初正巧游历到此,他一看匾上"來遠"二字,便对同行的人说:"桐庐要出大事啊,不出三日,王公家必定死人。"

别人讲什么,没人在意,可这是测字名家张成初讲的啊,谁人不信?于是,这话传了出去。

王公到桐庐住下,刚到第三天,随同王公前来巡访的王公夫人便得暴病而亡。此事一传十、十传百,都夸张成初料事如神。

王公匆忙办完丧事,也听到了坊间民众的议论,都说是"來遠楼"惹的事,他又听说此事测字大师张成初早就预测到了。

王公将信将疑。他一边将刘知县关押候审,一边急令人将张成初找来,亲自询问。王公问张成初:"听说你对'來遠楼'三字早有预测,不知属实否?"

张成初答道:"回禀大人,我只说'來遠'二字。以字而论,这'來'(来)字字形有'喪'(丧)字之状,'遠'(远)字字形有'哀'字之身。综合两字,有'哀喪'之意,故我对友人提起,换'来遠楼'匾牌实为不祥之兆。"

王公仔细一想,张成初言之有理。"來"字确是有"喪"字之形啊,"遠"字里的"袁"字也确实像个'哀'字,难怪说不吉利啊。于是,他重赏张成初,同时将刘知县削职为民,打发他回老家去了。

心中愤懑仇恨——怨

yuàn
怨

金文

小篆

怨
隶书

怨
楷书

古代的"怨"字是个上下结构的形声字兼会意字，下面的"心"字是形符，表示跟人的心理活动有关；上面的"夗"字是声符，读"yuàn"，两形合一，表示"心中充满愤懑与仇恨"。

古人为什么用"夗"字作"怨"字的声符呢？

甲骨文和小篆的"夗"字都是会意字，由"夕"字和"㔾"字组成。"夕"指夜晚，"㔾"指跪坐着的人，两形合一，指夜里曲卷着身子侧卧着的人。隶变后楷书写作"夗"，本义为"曲身侧卧"。

"怨"字里的"夗"，指晚上睡觉时身子弯曲侧卧，不能伸展，很不舒服，这里含有委屈的意思，由此产生了怨恨、埋怨的情绪。所以，"怨"字用"夗"作声符并会意。

"怨"字的本义指"仇恨"，如憎恨、仇恨称"怨毒"，既怨恨又愤怒称"怨愤"，不和睦的夫妻称"怨偶"，不满的情绪称"怨气"，抱怨不满的话称"怨言"，悲伤怨恨称"哀怨"，恩惠和仇恨称"恩怨"，多日积下的怨恨称"积怨"。郁结在内心的怨恨称"幽怨"，这个词多指女子与爱情相关的情感。

另外还有嫌怨、民怨、怨艾、怨尤等，都跟心里的仇恨与怨恨有关。

"怨"字由本义引申指"责怪、不满"，如责备、抱怨称"埋怨"。怨恨的声音充满道路，形容民众普遍不满称为"怨声载道"，埋怨上天、怪罪别人称为"怨天尤人"，自己怨恨自己称为"自怨自艾"。在这儿，"艾"字不是读"ài"，而是读"yì"。

不能死心眼儿——怨

在上海谋生的小青年刘三阳，在一家书店当伙计。他爱上了同在书店的会计阿苑姑娘。他们本来谈得好好的，就等拣个好日子定亲了，不料阿苑见异思迁，爱上了书店老板的侄儿。这事对陈三阳打击不小，他万念俱灰，想投黄浦江一死了之。死前他要对父母有个交代，便想到了盐城同乡，也是他的远房亲戚刘汉文。

陈汉文五十来岁，苏北盐城人，在白渡桥不远处一小巷里，开了家测字馆，颇有名气。

陈三阳找上门去，显得失魂落魄。刘汉文关心地问："怎么啦，魂丢啦？"

陈三阳苦笑着："魂还在，命快没了。大爷，我心里怨哪，你就给我测个'怨'字吧，看我这命该不该绝！"

刘汉文一听这话儿，心里便明白了八九分。他按规矩，在宣纸上写了个"怨"字，摇着头说："三儿，你这'怨'字可不太好呀。从字形上看，说像'愤怒'的'怒'字吧，但又不像'怒'字。说像'饶恕'的'恕'字吧，但又不像'恕'字。你对一个人既怨恨，又想饶恕她，其实是放不下她，难哪。"

陈三阳问："为什么难？"

刘汉文说："你要的人恐怕就在这似怒非怒、似恕非恕之间的'怨'字里。"

陈三阳如实说："大爷，不瞒你，我要的小苑跟人家好上了，我一场空啊。"

刘汉文安慰道："我虽不知详情，但我测得出事理。这'苑'字上为'花'字头，花心嘛，对你不忠。下为'夗'字，'夗'上加一横即为'死'字。若在这'夗'字下加一'心'字，即为'怨'字。在我看来，这小苑心变了。她死心塌地攀高枝，而且心里怨着你。你呢？既怨她又恋她，甚至愿为她一死了之，这不是傻事吗？天下何处无芳草，忘了她，别死心眼儿啦，大爷我给你另找一个！"

一席话，说得陈三阳的心平静下来，打消了轻生的念头。

小心谨慎——愿

yuàn
愿

金文 原
小篆 願
隶书 願
楷书 愿

"愿"字有两个来源，金文的"愿"字，上面是"原"字，作声符，下面是"心"字作形符，属上下结构的形声字。

小篆的"愿"字作了变动，且有两个字形，一个写作"愿"，一个写作"願"。隶变后的楷书分别写作"愿"和"願"。如今简化为"愿"。

"愿"字是个上下结构的形声字兼会意字，上面的"原"字读"yuán"，作声符并会意；下面的"心"字作形符，表示跟人的心理活动有关。

"心"字与"原"字组合，指"小心谨慎"。

谨慎与小心，都是人的心理活动，所以古人用"心"字作"愿"字的形符。

古人为什么用"原"字作"愿"字的声符呢？

"原"字的本义指"水之源头"，引申指"事物的开始、根源"。而谨慎之心态必须心诚意正，有源有本，必须有原来的真实的样子，所以古人用"原"字作"愿"字的声符并会意。

"愿"字的本义指"小心、谨慎"，如谨慎老实称"谨愿"，诚恳诚心称"诚愿"。由本义假借指"希望"，如希望能达到的目的称"愿望"，满足愿望称"称愿"，起初的愿望称"初愿"，表明心愿或愿望称"发愿"，还有请愿、如愿、夙愿、祝愿等词，由上义又引申指"愿心"，如：许愿、还愿、意愿。由上义还引申指"想要、愿意"，如宁愿、甘愿、情愿、自愿等词。

原地打转，不想升官——愿

却说这一天，郑可鉴带着一家小厂的员工到上海一日游。这手套厂是民政部门属下的福利性单位，是为了给残疾人提供就业机会，让他们自食其力，提高他们生活水平而办的。厂长刘威原是民政局一个科长，被任命担当此任。

车上有人知道郑可鉴会解字测字，嚷道："郑老板，你给我们刘厂长测个字，看他什么时候能升官。总不能一辈子在这小厂里。他陪着我们受苦受累又升不了官，我们过意不去呀。"

郑可鉴道："这要看他愿不愿升官呀！"

众人喊道："愿意！你就测个'愿'字吧！"

郑可鉴写了个大大的"愿"字展示给大家看："你们看，这'愿'字，上面是'原'字，下面是'心'字，合起来是'原心'。什么叫'原心'？就是他原来的心愿。他原来的心愿是什么？就是要跟你们在一起，把这手套厂办好，大家多拿工资多得益。"

郑可鉴扭头向刘厂长："我说的对不对呀？"

刘厂长笑笑，点点头。有人叫道："我们是说他能不能提拔当官，你扯哪儿去了。"

郑可鉴忙解释："我在解释你们要测的'愿'字哩，这愿字是'原心'二字合成，听起来又是'圆心'二字。什么叫'圆心'？就是站在原地转圈圈，原地打转，就提升不起来啦，他这辈子只能当你们厂长了。"

众人纷纷议论起来。有人说："我们要你测的是'愿'字，你扯到同心圆上去干嘛？"

郑可鉴又展示"愿"字说："各位看这'愿'字，外面一层是'厂'字，就是指你们手套厂。'厂'字里的上面是'白'字，中间是'小'字，底下是'心'字，意思是刘厂长小心谨慎，一心扑在工厂里，愿意白头到老，你们说是不是？"

郑可鉴这合乎情理的推测，加上富有煽情的声调，还真的感动了小厂的众多员工哩。

yuē
曰

曰 甲骨文

曰 金文

曰 小篆

曰 隶书

曰 楷书

口中吐出的话——曰

"曰"字与"日"字笔画一样，形状相似，但一肥一瘦，意义可大不一样。

甲骨文和小篆的"曰"字，下面是个"口"字，"口"字上有一横，这一横是用来指事的。指什么事？对此有两种说法。

一种说法是，这一横指人在说话时从口中吐出气来。

另一种说法直截了当，就是指人在说话时从口中说出的话。

其实，何必绕个弯，说口中吐出气呢？要晓得，口中吐出的气，大都是看不见的，只有在严寒的冬天才能看到，这不是普遍现象，还是直截了当，指说出的话为好。

由此可见，"曰"的本义就是"说、说道"。这在古典小说中常常见到。

"曰"引申为"叫作"，如美其名曰杏花村。

唐太宗 温泉铭

唐 欧阳询 九成宫礼泉铭　　　唐 褚遂良

嘴里长舌头就是为说话——曰

关于"曰"字,有这么一则文字故事。

前不久,小李、小王几位大学生到西北农村当志愿者,义务帮助村民扫盲。

这天,小李在教村民识字时,在黑板上写了一个"说"字。有人问,这个字到底啥意思啊?小李说:"这就是'说话'的意思。"然后他又在黑板上写了个"曰"字。又有人问,这个字啥意思啊?小李解释说,这也是"说话"的意思。

村民们迷糊了,胡大叔说:"说话就说话,咋两个字不一样呢?依我们看,这后面的'曰'字是说话的意思还差不多,前面那个字简直是瞎扯。"

小李急了,请他说出个道理来。

胡大叔说:"'曰'字外面是个'口',里面的一横分明是条舌头,嘴里长舌头哪有不说话的道理呀!"

小李仔细一想,觉得胡大叔讲得挺形象的,但那个"说"字该怎么解释呢?他不禁犯起了愁。

用绳索紧紧捆缚——约

yuē 约

小篆 約
隶书 約
楷书 约

"约"字是个左右结构的形声字兼会意字，左边的"绞丝旁"作形符，表示跟丝帛绳索有关；"约"字右边是"勺"字，读"sháo"，作声符并会意。

"勺"字与"丝"字组合，指用绳索紧紧捆绑住。因是指用绳索紧紧捆绑，这跟线绳之类有关，所以古人用"丝"字作"约"字的形符。

古人为什么用"勺"字作"约"字的声符呢？

金文和小篆的"勺"字都是象形字，字形像舀酒舀汤的小勺子。上边是勺子的头，微微张开口，里面有一点，表示盛着东西；下面有个把儿，以便用手把握。隶变后的楷书写作"勺"。

"勺"字的本义指"用勺子舀取"，后来引申指"舀东西的用具"，古人就另造"酌"来表示"舀取"。"勺"字又引申指"像勺的东西"，如"后脑勺"，这样又引申指"容量单位"，古人就又造了个"杓"字表示舀东西的用具。所以"勺"字本就是"杓"，是舀东西的"杓子"。如今两字通用。"勺"子是个很小的容器，人或物被限制在很小的范围里如同被绳索捆绑，动弹不得，很受限制和约束，所以古人用"勺"字作"约"字的声符。隶变后的楷书写作"約"，后简化为"约"。

"约"字的本义指"捆缚、限制"，如限制使不越出范围称"约束"，限制和约束称"制约"。"约"字由本义引申指"共同需要遵守的条款"，如约法、缔约、契约、公约、条约、违约、合约、和约、毁约、约法三章等。由上义又引申指"预先商量"，如约定，预约、约会、商约、失约、相约、不约而同。"约"字又假借指"邀请"，如特约。还假借指简要，俭省，如简约、节约。又引申指"大概"，如约计、大约。

"约"和"约束"

　　春秋末期，齐国有位军事奇才名叫孙武，他写了本军事著作《孙子兵法》。这部军事哲学著作，被誉为"兵学圣典"。

　　地处东南的吴王看了《孙子兵法》，对孙武十分敬佩，将他请到吴国，为吴国训练军队。吴王想试试孙武是否有真本事，他出了个难题："能否用妇女来演习呢？"孙武毫不迟疑地答道："当然可以！"

　　吴王下令，从宫中选来一百八十名宫女让孙武指挥。孙武将这些宫女分成两队，让吴王最宠爱的两个妃子分任队长，然后每人发一支长戟，向她们详细讲清楚训练的要求，还一一做了示范动作，又连问三遍："听明白了吗？"宫女们大声回答："明白了！"

　　孙武讲清纪律和要求后，命人在演练场旁摆放了一把砍刀，他再次强调，军令如山，凡不执行军令者，将被斩首示众。

　　操练开始，孙武亲自击鼓，发出前进或后退的号令。宫女们当作儿戏，嘻嘻哈哈，乱成一团。孙武见状，再次讲明要求和规则，再重新训练。孙武再次击鼓，宫女们依然嘻笑打闹，不当一回事儿。

　　孙武停止训练，严肃地宣布："约束不明，申令不熟，将之罪也；既已明，而不如法者，吏士之罪也！"他这话的意思是：纪律要求不明白，军令不熟悉，这是指挥官的责任。现在已多次讲明纪律及要求，仍不执行，那就是士兵的责任，违令者应按军法处置。说罢，他大声宣布，将两名队长处死。

　　正在台上观看演习的吴王听了连忙向孙武求情。孙武不为所动，他一挥手，两名武士将两个妃子拉出队伍，手起刀落，人头落地。

　　孙武重新任命队长，重新击鼓操练，宫女们按着鼓令，无一人敢出声，一个个神情严肃，步伐整齐，俨然是一支威武雄壮的娘子军。

　　这场演练，给吴王留下深刻印象。吴王便拜孙武为将，从此，吴国的军事力量越来越强。

　　孙武所说的"约束不明"中"约束"一词，就是指按纪律和法令要求自己，后来引申为对人或事加以限制、控制，使其不破坏或超出应有的规矩或范围。

弯弯的月亮

yuè
月

甲骨文 ☽
金文 ☽
小篆 ☽
隶书 月
楷书 月

甲骨文和小篆的"月"字,弯弯的,就像半轮明月,属象形字。

月亮有圆有缺,而且圆的时候少,半圆形或弯钩形的时候多,所以"月"字用半圆形来表示。同时为了有别于"日"字,也只好用半圆形表示。

金文和小篆在半圆中加了几横,只是为了装饰,没有实际意义。

"月"字的本义指"月球、月亮"。

月球本身不发光,它只是反射太阳光,这称为月光、月色。

一年分四季,分十二个月,这就是月份,如二月,正月,月产量,月刊,月底,月票。

"月"字,也称像月亮形状的东西,如月饼,月门,月琴。

与"月"相关的词还有月台、月下老人、月食等。

齐·王慈《万岁通天帖》

唐·颜真卿

"月"字写错了

有关"月"字,有这么一则文字故事。

民国年间,南京夫子庙有家糕点店。中秋节前,大量月饼上市,店主在门口写了个大招牌。不知是店主写得太潦草还是想故意引起大家注意,竟把"月饼"写成了"曰饼"。

招牌挂出来后,有些人不在意。有位戴近视眼镜的老先生把这扁扁的"曰"字看成了"白"字,他好心地对店里的小伙计说:"跟你们老板讲一讲,这招牌上的'月'字写成'白'字,天下哪有白饼的?"

这糕点店的小伙计也不细看,竟自以为是地说:"大爷,你别骗我,'白'字比'曰'字上头多一撇呢。这'曰'字就是我家老板写的,怎会错呢。"一个"月"字,引起一串笑话。老板不该把"月饼"写成"曰饼"。老先生不该把"曰"字看成"白"字。店伙计更不该明知是"曰"字,还强词夺理说"白"字。真是一群"白"字先生。

高大的山岳

yuè
岳

甲骨文

金文

小篆

岳 隶书

岳 楷书

　　古代的"岳"字，上面是两个山丘，下面是山，这是个会意字，表示高大的山。

　　繁体的"岳"字笔画变多了，字形很复杂，成了一个上下结构的形声兼会意字，上面的"山"，是形符，表明与山有关；下面的"獄"为音符，读"yù"。"獄"就是监牢，是关押囚犯的地方，四周是高高的围墙。"岳"取其"高"的意思，以"獄"作声符并会意，指高大的山。

　　楷书的字形由小篆演变而来，写作"嶽"，1955年作为异体字被淘汰，简化为"岳"，成了规范的写法。

　　现在的"岳"字，应看成一个会意字，上面的"丘"字，在甲骨文和小篆中，都是象形字，像突起的两座山丘。"丘"的本义指"因地势而自然形成的小土丘"，如山丘，丘陵。在这儿，"丘"与"山"结合，仍指高大的山。

　　"岳"的本义指"高大的山"，如山岳，五岳，北岳恒山，东岳泰山，南岳衡山，西岳华山，中岳嵩山。

　　"岳"由本义假借指称妻子的父亲或妻子的伯伯、叔叔为"岳父""岳叔""岳家""岳丈"，称妻子的母亲为"岳母"。

　　"岳"，也是姓氏。

北魏·张玄墓志

明·宋璲《三希堂法帖》

丘山为"岳"

明朝万历年间,京城有个大官,名叫邱岳,因犯了过失,被贬到外省,当了地方官的副手,也就是二把手。这邱岳可不是个人下人,他一心想东山再起,便四处打点,以达到回京城官复原职的目的。

功夫不负有心人,邱岳终于巴结上了当朝宰相张居正,他千方百计讨好张居正,多次以重金厚赂张家人。张居正过生日时,他用黄金铸造了一副对联送上门去。

对联是这样写的:

> 日月并明,万国仰大明天子
> 丘山为岳,四方颂太岳相公

联中的"太岳相公",指的是张居正。在这儿,他将张居正和大明天子相提并论,真是大胆到极点,又阿谀奉承到无以复加的地步。

若是撇开溜须拍马这一点不谈,就这副对联而论,是很值得玩味的。上联的"日月并明",对下联的"丘山为岳",都是拆字对仗工稳,丝丝入扣。"日"与"月"合成"明"字,"丘"与"山"合成"岳"字,最令人叫绝的是"丘山为岳",既是邱岳的姓名,又用来比喻张居正,他把自己和张居正融合在一起,以表白忠心,语义双关。邱岳的目的,也就是要借这副对联,让张居正记住自己。据后人记述,张居正看到这副对联后,十分高兴,准备把邱岳召回京城,但就在这时他被免职,邱岳的那副黄金对联也就算白送了。

[瓦当欣赏]

秦汉画像瓦当

在门内清点计算——阅

yuè 阅

小篆
隶书
楷书

小篆的"阅"字，是个形声字兼会意字，外面的"门"字是形符，表示跟住房的门有关；里面是"悦"字简省的写法，读"yuè"，这两个字形组合在一起，指在门里面清点计算东西。

古人为什么用"悦"字作"阅"字的声符呢？因为"悦"有"愉悦快乐"的意思，而人们在清点计算物品时，往往心情愉快，所以用"悦"字作声符。也有人认为，"悦"字表示高兴，笑逐颜开，而清点计算物品时，宜分开计算，"阅"字取其"开"义，所以"阅"字以"悦"字作声符并会意。

有人认为，"阅"字里的"兑"读"duì"，本义指"喜悦"，是"悦"字的本字。唐宋以来，这个字又指交换，如兑现，兑款。下棋时人们常说"兑车、兑炮"。由于"兑"字作了偏旁，"喜悦"之义便由"悦"字承担，"兑"字用作"兑换"了。用在"阅"字中，表示清点计算。

楷书的"閱"字由小篆演变而来，后简化为"阅"。

"阅"字的本义指"查点、计算"。后来引申指"视察"，如阅兵、检阅。由此又引申指"看"，如阅读，阅览，查阅，传阅，呈阅，订阅，翻阅，校阅，批阅，评阅，圈阅，审阅，赠阅。

"阅"字由本义假借指"经历、经过"，如亲身见过、听过或做过的称"阅历"，经历世事称"阅世"。

"阅"字也作姓氏用。

登门兑现还旧账——阅

测字先生除了要精通汉字,还得有随机应变的机智,要有出口成章的口才。南京夫子庙的测字名家胡铁嘴的这两样本领,无人可及。

这天晚上,胡铁嘴家来了位老熟人,姓罗,排行老八,人称罗八爷。罗八爷坐下就唉声叹气。胡铁嘴为他倒茶递烟,问:"多大事呀,这样愁眉苦脸的?"

罗八爷摊开手诉苦道:"阅江楼饭店开业一年多,生意那么好,可胡老板借我那两千大洋到现在不还,你看急人不?我有急用哩!"

胡铁嘴道:"你怎么不开口去要呢?"

罗八爷说:"沾亲带故的,开得出口吗?"

胡铁嘴道:"那我帮你测个字,看他何时还。"

罗八爷说:"还能测什么字?就测'阅江楼'的'阅'字。"

胡铁嘴提笔写了个"阅"字,笑道:"你看多巧哇,你多日不来,今日上门。'阅'字就是八兄上门啊。"

罗八爷说:"在别人面前我充老大,你长我一辈,怎敢称兄道弟!"

胡铁嘴说:"以字说事嘛。这'阅'字是'门'字里一个'八'字外加一个'兄'字,可不是指的你八兄上门么?"

罗八爷看看"阅"字,点头认可,又说:"我问的是讨债的事,跟我上你家门没相干。"

胡铁嘴指指"阅"字里的"兑"字说:"你一进门,就像这'兑'字,眉毛紧锁,胡须翘起,一副愁眉苦脸、灰心丧气的样子……"

罗八爷焦急地说:"欠债不还,我能不急吗?"

胡铁嘴满有把握地说:"莫急,从你要测的这'阅'字来看,用不了几天,胡老板就来还债。"

罗八爷问:"怎见得?"

胡铁嘴指着"阅"字道:"'门'字里一'兑'字,此乃登门兑现,你耐心等两天,他不兑现,我找他!"

罗八爷听了,喜滋滋地走了。

yuè
悦

心里感到很高兴——悦

古代的"悦"字是个左右结构的形声字兼会意字,左边的竖心旁是形符,表示跟心理活动有关;右边的"兑"字是声符,读"duì"。

"悦"字的本义指"人的心情很愉快,很高兴"。

古人为什么用"兑"字作"悦"字的声符呢?这里大有讲究。

甲骨文的"兑"字是个象形字,上面是个"八"字,中间是个"口"字;下面是个"人"字,像人张大嘴巴在哈哈大笑,口中还吐出气来。那"八"字就像人嘴里吐出的热气;中间是嘴巴;下面是面朝左站着的人。其本义指"高兴"。由此可见,这"兑"字就是现在的"悦"字。后来这"兑"字假借指"交换",如兑现,兑换,折兑。古人为了区分这两种意思,后来又另造了个"悦"字来代替表示高兴的"兑"字,所以在"悦"字中用"兑"作声符兼表意。

"悦"字指愉快,高兴,如喜悦,不悦,和悦,取悦,悦服,心悦诚服,和颜悦色。

"悦"字,也表示使愉快,如悦耳,悦目。

"悦",也作姓氏用。

悦 金文

悦 小篆

悦 隶书

悦 楷书

唐·柳公权《玄秘塔碑》

元·康里子山《三希堂法帖》

两兄弟一条心——悦

无锡城中有条鱼腥巷，巷子里住着钱大悦、钱小悦兄弟俩。这弟兄俩都患了小儿麻痹症，腿脚不灵便，属于残疾人，靠低保生活，平时糊纸盒子，挣点零花钱。

时来运转，今年马路拓宽，鱼腥巷被削掉一半，钱家的三间房子顿时成了临街的门面房。在社区干部的支持下，钱家两兄弟开了家小吃店。街道办事处主任老马，还为小店题写了店名。老马的书法和文采，在无锡是颇有名气的。店名为"悦来饭店"，那"悦"字写得特别有神，右边的"兑"字，仿佛两个人喜气洋洋的样子。那"来"字呢？写得很飘逸，就像有人风风火火赶过来一样。这个店招牌，常常引得过往行人驻足观赏。小店的生意，也很兴旺。

钱家兄弟的生活，越来越红火。好事成双，不久，弟兄俩都娶妻生子，变得家大业大了。

人间事，也真难说。可不是么？大有大的难处。原来弟兄俩一条心，欢欢喜喜过日子。可现在有了老婆孩子，反而闹得不安生了。妯娌俩常为小事争吵不休，弟兄俩也跟着叽叽咕咕，就这样，小店生意一落千丈，眼看就要关门大吉了。

这天，马主任上门来调解。他把弟兄俩喊到店门外，指着"悦来"二字说："你们看看我写的'悦'字，左边的竖心旁，那一直，是直挺挺的，表示是一个心眼儿，是一条心。右边那'兑'字，上面两点表示二，下面是'兄'字，合起来是两兄弟一条心，这样才是喜悦的'悦'字。若是各怀各的心思，悦从何来？"

弟兄俩仰头盯着"悦来"二字，许久许久没说出话来。

[瓦当欣赏]

秦汉画像瓦当

舒卷飞动的云彩

yún
云

甲骨文

云
金文

雲
小篆

雲
隶书

云
楷书

从"云"字的发展过程来看，它曾经是象形字、形声字、会意字。

甲骨文和金文的"云"字，都是象形字，其字形就像天空的云彩在回旋转动。这时的字形不复杂，除了笔画柔软弯曲外，跟今天简写的"云"字相似。小篆的"雨"加"云"，变成了形声兼会意字，"雨"是形符，表示跟雨水有关；"云"是声符，并会意，指凝聚而降的潮湿空气，这个"雲"字后来简化为"云"。

"云"的本义指"山川气也"，即山谷及河流四周升腾的气体，也就是悬浮在半空中的由水滴、冰晶、灰尘等凝聚而成的物体；说得再具体一点，就是水蒸气上升，遇冷空气后凝结成的小水滴。这些悬浮在空中的物质便是云。

"云"，除了白色，还有其他颜色，因此称之为"彩云、云彩"。跟云相关的词汇还有云层、云端、云霞、云霄、云烟、风云、云消雾散等。

"云"字，假借指"说"，特别在古代作品中的"说"，大都用"云"、"曰"，如云云，不知所云，人云亦云。

"云"，是云南省的简称。云南，最初只是汉代的一个县的名称。相传汉武帝在位时，常见有彩云飘浮在今凤仪一带，便派人追踪彩云至此，因置县于彩云之南，故名"云南"。元代建云南省，简称"云"或"滇"。"滇"是因为省会昆明附近一带曾是滇国的地方而得名。

"云"，也作姓氏用。

没有鬼魂——云

老李是浙江一家晚报的主编，他对字谜很有研究，在副刊开了个栏目，经常刊登谜语，吸引了大批读者。这天，他在西湖楼外楼饭店宴请外省来的几位老作者。

宾主入席，老李说："初次相会，各人出个字谜说是哪儿人吧。"

众人要老李开个头。老李也不推托，说："今日相聚，也算缘分，我说两个字——'走运'。"见大家猜不出，老李又补了句，"我再说一个——没有鬼魂。"

这时，一位中年汉子说："'走运'就是去掉'运'字中的'走'字，剩下'云'字。没有'鬼'的'魂'，剩下也是个'云'字。你是云南人。"

老李连连点头称是。中年汉子说："我是一旦就业翻了身。"

一位小伙子脱口而出："山西人嘛。你说的是'晋'字。"

众人细细琢磨，都拍手叫好。小伙子说："我这人心直口快。我喜欢说尽心中无限事。"

一位大汉接着说："你把话说尽，我就走了。我是'走了'。"

这时，一直沉默不语的长者缓缓说道："小伙子，你把话说尽，说者，白也；尽者，完也。'白''完'相合就是'皖'字，你是安徽人。这位大汉是'走了'。走之旁加'了'，不是'辽'么？你是辽宁人，对吗？"

两人忙站起来，对老者深深一鞠躬："对！敢问老前辈……"

老先生一字一句道："我们今日相聚是喜，改日分别是愁。我是相聚西湖边，泪别断桥前。"

这个字谜不好猜，大家一边喝酒，一边思索。酒过三巡，老李对服务员说："请加一道剁椒鱼头，越辣越好，这里有湖南人！"

老先生站起来，连声致谢："李主编猜对了，老朽的谜底是'湘'字。"

读者诸君不妨细细品味，这五个充满诗情画意的字谜，妙在何处？

一字一世界

一物平分为二——匀

yún
匀

甲骨文

金文

小篆

匀
隶书

匀
楷书

　　金文的"匀"字是个会意字，字形像胳膊弯里有二物的形状，当中的"二"字表示两样东西，这两样东西要平均分配。后来的小篆字形由金文演变而来，原先那胳膊弯的半圆形变成了圆形，只留了点空缺，当中有两横。这圆圈像一道匝（zā）圈，里面的"二"也有平均分配之意。

　　楷书的字形由小篆演变而来，写作"匀"，属右上包围结构，本义指"分"，也表示"分出"，也有"让出"的意思，如大家匀出一点水来给他喝；家长再忙，也该匀出一点时间陪孩子。

　　"匀"字由本义引申指"平均"，如各部门搭配得很合适称"匀称"；抽出来一部分给别人称"匀兑（duì）"。

　　"均匀"也称"匀和"，粗细深浅一致称"匀净"，均匀整齐称"匀整"，调和均匀称"调匀"。

百蝠流云与"福匀"

在汉字文化中，有些字，不仅仅是记录语言的符号，同时还担负着人们趋吉避凶、祈寿求福的重任呢。

人们熟知的"蝙蝠"的"蝠"字，因与吉祥字"福"字谐音，而身价百倍。就连那昼伏夜出，令人讨厌的蝙蝠本身也受到人们的青睐，千百年来一直作为吉祥物被人们所宠爱。

鲁迅先生在《准风月谈·谈蝙蝠》一文中说："蝙蝠虽然也是夜飞的，但在中国的名誉却还算好的。这也并非因为它吞食蚊虻，于人们有益；大半倒在于它的名目，和'福'字同音。"

鲁迅先生把"蝙蝠"在中国之所以成为吉祥物的道理说透了。在一些古建筑物中，有不少精美的木雕、石雕、砖雕，上面的图案中常见到蝙蝠的形象。这些蝙蝠造型舒展大气，形象优美可爱，有些图案上，除了蝙蝠，还绘有云彩，让蝙蝠在云彩中飞翔。其实，蝙蝠昼伏夜出，跟云彩毫不搭界，但人们总喜欢让它和浮云结合在一起，并称之为"蝠云"。有时画上的蝙蝠成群结队，多达百只，人们将此称为"百蝠流云"或"流云百蝠"。

何为"蝠云"？因"云"与"均匀"的"匀"字同音，而"匀"字又有"平均"、共同分享的意思，所以人们用"蝠云"与"福匀"同音，以此表达追求长远幸福的愿望。

在苏州吴县东山镇，有座著名的雕花大楼，楼上楼下，雕刻着千姿百态的图案。在进大门时，你抬头向上，可看到门楼上有块精美的砖雕，图案上就是蝙蝠飞翔在彩云中，这便是"蝠云"，蕴含着"福匀"的意思。

走进大门时，门槛上也有蝙蝠形的图案，这是告诉人们，"脚踏有福"，也意味着，福，已来到你的脚下了。

春耕夏耘除草忙

yún
耘

小篆 耘
隶书 耘
楷书 耘

　　古代的"耘"字，是个左右结构的形声字兼会意字，左边的"耒"字是形符，表示跟农田劳作有关；右边的"云"字是"芸"字简略的写法，读"yún"，作声符，两形合一，表示将田里的杂草除掉。

　　讲"耕"字先得讲明白形符"耒"字。这"耒"字不同于我们常用的"来"去的"来"。"来"与"耒"之间的关系很复杂，不是几句话说得清的。我们只要记住，"耕"、"耘"、"耖"、"耙"、"耨"、"耦"、"耜"等字都跟田间劳作有关，因为字中的形符都是"耒"字。

　　古代的"耒"字是个象形字，像一种翻土农具的形状，也就是北方农村常见的木叉。"耒"是这种农具的木柄，下面翻土的部分叫耜（sì），也就是犁头，合称"耒耜"，这就是我们祖先最早使用的犁。正因为此，古人才用"耒"字作"耘"字的形符。

　　古人为什么用"云"字作"耘"字的声符呢？因为"云"是"芸"字简略的写法，而"芸"有花叶茂盛的意思。也有人认为，"芸"是草名，又有枯黄色，表示田间杂草丛生，不除去对农作物生长不利，所以"耘"用"云"作声符并会意。

　　"耘"字的本义指"除掉杂草"。除草和松土用的锄头为"耘锄"。在水稻分蘖期间进行中耕除草为"耘耥"（tāng）。耕耘、耘田和春耕夏耘中的"耘"都是这层意思。

　　"耘"字也被用来比喻其他脑力劳动或体力劳动，如在教育岗位上辛勤耕耘。

一边讲话一边走来——耘

古人把测字当作一种职业，把测字的人尊称为"测字先生"。求测字的人，事无巨细，似乎样样都要测一下。大至生老病死，婚嫁生育；小至天气阴晴，能否外出访友，乃至客人何时到来都要测。

却说苏北阜宁县益林镇的胡得先，以测字准在当地享有"胡大仙"的美名。有一次他到镇外张吴村作客，碰到相识的吴老汉在村头耕田，问在外打工的儿子何时到家。吴老汉不识字，便以"耕田"的"耕"字求测。胡大仙将"耕"字拆解成"耒""井"二字。"耒"者，回来也。"井"者，"乡井"也，家乡也，并断言吴老汉的儿子很快会回到家乡。他果然猜中了。

胡大仙露了这一手，名声大振。这年初夏，胡大仙又到张吴村作客，正巧又碰到吴老汉在耘田。吴老汉见到胡大仙，停下手里活儿问："大仙，你是神人哪。我再问件事儿，我那亲家说，今儿中午到我家喝酒，怎么到现在还不来呀！您帮我测个字，看究竟来不来。我还得准备弄菜呢。"胡大仙问："测个什么字呢？"

吴老汉说："跟上次一样，就测'耕耘'的'耘'吧。"

胡大仙在手心写了个"耘"字，果断地说："快收拾回家打酒买肉吧，你亲家不出一个钟头就到了，他已经在走过来啦。"

吴老汉问："怎见得呢？"

胡大仙解释道："耕耘的'耘'字，左边'耒'字，说明他已经来了。右边'云'字，倒不是指天上云彩的云，这'云'字是说话的意思。《三国》《水浒》里，凡讲话都写作'云'。你亲家正跟熟人一路说话，一路走来呢。你恐怕得多买瓶酒啊。"

吴老汉听了，点头称是，忙不迭回家张罗了，还硬拉胡大仙作陪，也去喝两盅呢。

测这种事儿，对胡大仙来说是小菜一碟。他认识吴老汉的亲家，那是个爱酒如命又交游广众、爱说爱笑的人。有酒喝，他能不来吗？沿大路走来，熟人会少吗？他一路走一路说地走来不是顺理成章的吗？

为此，胡大仙的名声又加分啰。

点头答应——允

yǔn 允

甲骨文

金文

小篆

允 隶书

允 楷书

甲骨文的"允"字是个象形字，其字形像人点头的样子，本义指"答应，许可"。

也有人认为，"允"字的字形，像一个人张大嘴巴在说话，"人言为信"，本义指"诚信"。

金文的"允"字，字形由甲骨文演变而来，变成了一个上下结构的形声兼会意字。上面的字形表读音，为"以"声，下面的"儿"字表示这个字与人有关。其本义也是指"诚实可信"。

诚实可信的语言，能准确地反映真实情况，这就是公平、恰当，如允当，公允，平允。

因为诚实可信是好品质，受人尊重，应该得到认可，所以"允"又引申为"答应、许可"，如允许，应允，允诺，不允，允准，概允。

"允"，也作姓氏用。

北魏·安乐王墓志

唐·虞世南《孔子庙堂碑》　　唐·褚遂良《孟法师碑》

最短的汉字电报——允

中国近代文坛上有段佳话，说来跟"允"字有关。

中国有位著名的文学家、学者沈从文，他是湖南湘西凤凰人，早年写过许多优秀的小说，后来又以研究中国古代服饰闻名。

当年，沈从文在青岛当教师时，就痴情地追求他的学生张兆和。张兆和的姐姐名叫张允和，姐妹俩是江南名门闺秀。张家能否看中湘西这个穷书生？沈从文心中没底。

沈从文生性木讷，不善表达，但他的笔杆子功夫非同寻常。他一天一封情书，让人读了心醉，最后终于赢得了张兆和的芳心。但她有个前提：这婚姻大事，须征得父母的同意，只有父母允许了，她才能答应继续交往。

沈从文一听此话，立即给远在苏州的张允和写信，因为他通过其他朋友的关系，跟张允和很熟悉。他就托张允和向其父母提亲，并再三要求，如她的父母同意了，立即给他发个电报，好让他这个湘西乡下佬早点得到喜讯。

也算沈从文有福气，贵为江南富翁的张家父母，并不反对女儿嫁给这位穷书生，就让张允和去给沈从文发电报。

张允和是个才女，文字功夫出类拔萃。她在发给青岛沈从文的电报上，只有一个字："允"。这便是文坛中传为美谈的半个字电报。

不是么？一个"允"字，表示张家对这门亲事的认可、同意、允许。此外，发电报的人必须署名，张允和又以"允"字代表是她发的电报。一字二用，这就是近代以来最短的汉字电报。

[瓦当欣赏]

秦汉画像瓦当

大肚子女人——孕妇

甲骨文的"孕"字是个会意字，字形像一个面孔朝左而侧立的一位大肚子女人；上面的"乃"字，像大肚子；大肚子里有"子"，表示怀着胎儿。

小篆的"孕"字，外面是个人——当然是女人。里面是个"子"，表示怀着孩子，其本义是"怀胎"。这也是个会意字。

怀胎，就是孕妇，表示有身孕，在孕育胎儿。

怀胎也不一定指人，动物也称怀孕。孕畜，指怀孕的牲畜。

孕育也不一定指生孩子，酝酿着的新事物也称"孕育"。

唐 虞世南 孔子庙堂碑

草书韵会

徐文长出字谜——孕

对"孕"字,有一个徐文长出字谜猜"孕"字的故事。明代有位大书画家,名叫徐文长。这一年,他妻子怀孕了,想喝鱼汤,就让徐文长上集市买。

徐文长提着竹篮上街买鱼,他走到半路,遇到一位朋友,硬要拉着他去喝酒。

徐文长连忙推辞,说:"不行不行,我夫人还等我买鱼回去做汤呢。"朋友不依,说:"有什么大不了的,莫非她怀孕了,非要你回去照顾不成?"

徐文长微微一笑,说:"我出个字谜,你猜对了,我就跟你去喝酒,猜不对就放我走。"说着,随口吟了一句:"先写了一撇,再写了一横。"朋友想了想,哈哈大笑,说道:"去吧,我不难为你啦。"

原来,先在"了"上写一撇,是个"乃"字,再在"了"上写一横,是个"子"字,合在一起正是个"孕"字。既然徐文长的夫人真的怀孕了,朋友怎么还好意思再拉他去喝酒呢。

移动运行

yùn
运

古代的"运"字是个形声字兼会意字,走之旁"辶"是形符,表示这个字与行走有关;"军"字作声符。改为简体字后,走之旁仍为形符,"云"作声符,成为"运"。

"运"字的本义是"移动、转动、运行"的意思,如运动,日月运行。

古人在"运"字中用"军"字作声符是有道理的。军,在古时是一个军事单位,一军为一万二千五百人。驻扎时用军车围成个圆圈,所有粮草、军械都堆积在这儿,官兵们也驻扎在当中。他们随时准备迁移开往别的地方去作战,在这儿有流动的意思,所以用"军"作声符并会意。

"运"由"运行、转动",转义为"运输、搬送"的意思,如运送,运货,客运,航运,陆运,空运。

"运"有"使用"的意思,如运用,运思,运笔。"运"有迷信的成分,指命中注定的,如运气,幸运,命运,好运,恶运,桃花运。

金文

小篆

運
隶书

运
楷书

唐·欧阳询《草书千字文》

唐·怀素《圣母帖》

年号不吉利——运

在中国历史上,隋朝前是魏晋南北朝,其间经历了三百多年。当中有个梁朝,后梁的萧琮,刚自立为帝两年,梁朝就被隋朝消灭了。

萧琮被废为莒国公后,心里难过得要命,怎么也想不通,自己建立的大梁王朝竟然这样轻易地被推翻了。

一天,萧琮正在家里长吁短叹,忽然有一位白发长者前来拜见。萧琮见他气度不凡,不敢怠慢,忙将他让到上座。长者坐定,开门见山地说:"你知道自己为什么稳不住江山吗?"

萧琮摇摇头,深深地行了个大礼:"望老先生指点。"长者轻捋长须,缓缓说道:"你当政之初,为图好运,将年号定为'广运(运)',你可曾想过,这个'運(运)'字,乃走旁加军,所以你的军队游荡不息,当然要被停走喽。"

萧琮听了,不由一愣,琢磨片刻,认为此话有些道理,一直沉思不语,连老者离去也未觉察。

其实,萧琮不必为这一"运"字多费脑筋。他所需检讨的是自己的所作所为,也要分析分析他所处的整个形势。

环绕太阳的光环——晕

yùn
晕

甲骨文

金文

小篆

隶书

楷书

"晕"既是象形字,也是个形声字兼会意字。甲骨文的"晕"字是个象形字,当中一个太阳,这就是"日"字;太阳四周有几条短线,指的是太阳周围的彩色光环。也有人认为,这些短线,也可看作是月亮的光圈。

小篆"晕"字的字形由甲骨文演变而来,成了一个形声兼会意字。上面是个"日"字,是形符,表示与太阳有关;下面是个"军"字,作声符。后简化为"晕"。

古人为什么用"军"字作"晕"字的声符呢?古代的"军"字是个会意字,由"车"字和一个半圆圈组成。这半圆圈是"包"字的简略写法,表示用军车将四周围住。古代军队行军打仗时,每到驻扎地,都以一辆辆兵车将驻地围成一圈,士兵的帐篷在当中,好像筑了一道围墙,这样便于抵挡敌人的进攻。以兵车环绕驻扎为军营,就是取其"环绕"之义。云气四周飘浮,如兵车围守,所以"晕"字以"军"字作声符兼表意。

"晕"字的本义指"围绕在太阳或月亮四周的彩色光圈"。这光圈是因日光或月光的折射而形成的,如日晕,月晕,月晕而风。

"晕"字由本义假借指"脑子发昏,感觉周围物体在旋转,人站立不稳,要跌倒的样子",如晕车,晕船,发晕,眩晕。

"晕"字是个多音字。读作"yūn"时,由脑子发昏,引申指"昏迷"。如:晕倒,晕厥,血晕。由此又引申指"头脑昏乱,不清醒",如晕头转向,晕头晕脑。

"晕"字也表示光影、色彩四周模糊的部分,如墨晕,红晕。

现在,许多人在表白对杂乱无章的现象感到很无奈时,往往只用一个字:晕!

老中医说眩"晕"

作家李建成，可谓著作等身，近年来，连续写了三部长篇小说，眼下正在写第四部。他思如泉涌，伏案疾书，常常忘了吃饭和睡觉。

这天，李建成写完一章，高兴得放下笔站起来——可就在他站起的一刹那，只觉得天旋地转，屋顶的吊灯好像倒过来了。他站立不稳，一下子倒在地上。

李建成被家人送到附近的中医院，不一会便清醒过来。为他诊治的是老中医李可。李可爱读李建成的小说，跟他很熟悉。他按住李建成的脉搏，又打量了他的脸色，说："本家，你太辛苦啦，终日低头写书，看来颈柱骨血脉不畅，得当心啦。"

李建成说："我只觉得头晕，又有点儿眩……"

李可说："大作家呀，论遣词造句，我不如你。可若说到"眩晕"二字，你得听我的。"

李建成习惯性地掏出小本子和笔就记。李可大大咧咧地说："好吧，我说，你记。《黄帝内经》记载，'诸风掉眩，皆属于肝'。头晕跟肝经有关——你得先把'晕'跟'眩'区别开来。'眩'是'目'字旁加一个'玄'字，'玄'就是黑色。'目眩'就是两眼发黑。而'晕'呢？'晕'字上面是个'日'字，下面有个'车'字。这就是如同坐车坐船那样有摇晃的感觉，不是两眼发黑，而是感到天旋地转，这就是人们常说的晕车。人的头部如血虚或气虚，就会出这样的症状，这也叫眩晕……"

李建成一边听，一边记，心中也不免嘀咕："这'晕'字下是个'军'字呀，怎么是'车'字呢？坐车摇晃会头晕，坐船也头晕呀，这怎么理解呢？"他抬头见老中医谈兴正浓，一时也不好意思打断他，便把这疑惑埋在心底了。

一字一世界

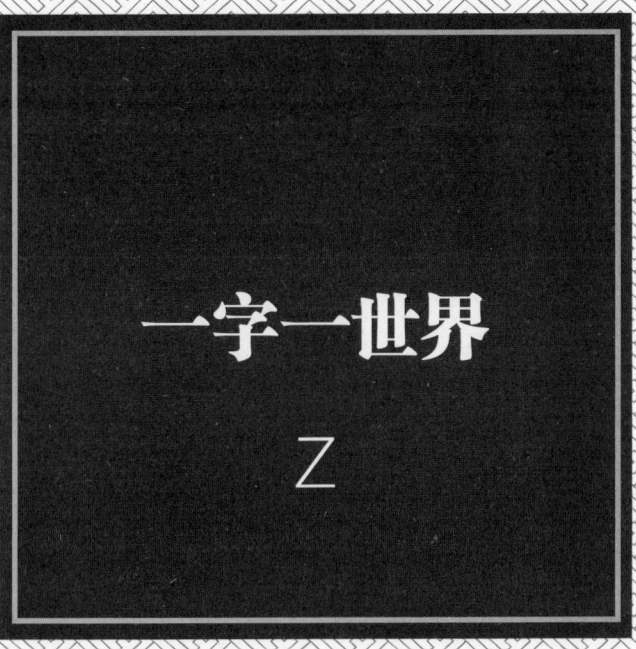

zá
杂

金文

小篆

隶书

楷书

各种颜色相配合——杂

简体字"杂"字与繁体字（雜）已毫不相干了。但要解释"杂"字，还得从繁体字之前的小篆的"杂"字谈起。小篆的"杂"字与繁体的"雜"字差不多，是个左右结构的会意兼形声字。

说它是形声字，左边是"衣"字旁，表示这个字与衣服有关；右边是"集"，表示读音。因为衣服是五颜六色的，其本义就是"各种颜色相配合"。

说它是会意字，因为这个声符"集"字，在这儿有集中起来的意思。把什么集中起来？把各种颜色的衣服集中一块儿。五颜六色，就显得杂了，所以"杂"的本义是指"各种颜色相配合"，如杂色。

杂色，就有混合在一起的意思，这就是混杂、搀杂、夹杂、错杂、复杂。

既然复杂，就意味着这是各种各样的，如杂粮、杂技、杂货、杂交、杂烩、杂志、苛捐杂税。

唐·颜真卿《争坐位稿》

明·董其昌《三希堂法帖》

八九不离十——杂

江苏无锡有个小伙子，姓金，名叫金一鸣，他志向很大，总想一鸣惊人。他很聪明，琴棋书画什么都想学，可就是因为心太大，什么东西都只是学会了点皮毛，样样都不精。

一天，金一鸣画了一幅画，想请老师指点一下。老师看了，语重心长地说："构图不错，但基本功还欠火候，得再练上三年五年。"

金一鸣心想：既然还得练这么长时间，不如先干点别的。于是，他把学画扔到一边，转身又去写文章了。

几天后，金一鸣拿着写好的文章找到老师，老师看罢说："构思不错，但还得再收集些资料，多打磨打磨。"

金一鸣心想：既然已经可以了，那就这样吧，不如再搞些别的，等有时间再修改。于是，他又拿出小提琴，学起了乐器。等他刚会拉上一曲，就又迫不及待地找到老师。

老师听他拉完一段乐曲，没有像前两次那样提意见了，而是微笑着说："你样样想学，可就是八九不离十啊。"金一鸣听了，以为老师在夸他，乐颠颠地回去了。

可在路上一琢磨，他弄明白了老师刚才那句话的意思，脸一下红到了脖子根。

原来，这"八九不离十"合在一块是个"杂"字，老师是希望他能专心学好一样本领，不要学得太杂了。

[瓦当欣赏]

秦汉画像瓦当

一字一世界

zāi
灾

房舍被大火烧毁——灾

甲骨文

小 篆

隶 书

楷 书

"灾"字是个上下结构的会意字，上面是个宝盖头，表示人们居住的房屋居所；下面是个"火"字，这两个字形组合在一起，指熊熊烈火，把房屋烧毁了。对先民们来说，这是场灾难，即便今日，仍然是灾难。水火无情，人们把这称为"火灾"。

在古文字中，也有把"灾"字写作"災"的情况。上面表示水流动的样子，指的是水灾；下面是"火"字，指的是"火灾"。这就意味着，古人把威胁人们生存的水灾、火灾合在一起称为"災"。

小篆中，"灾"字又写作"烖"，这是个形声字，"火"为形符，"戈"字为声符，读作"zāi"。这两个字形组合在一起，指战乱造成的祸害。现在以"灾"字为正体字。

"灾"字的本义指"天地间自然着起的火"，也泛指水、火、荒、旱、虫等造成的祸害。如各种因素造成的祸害称"灾害"，灾难与灾害又称"灾患"，荒年也称"灾荒"，自然的或人为造成的称"灾祸"，遭受灾害的人称"灾民"，天灾人祸造成的苦难称"灾难"。灾情、灾区、灾殃、成灾、虫灾、防灾、风灾、蝗灾、救灾、抗灾、受灾、天灾、天灾人祸、泛滥成灾等，都是指种种带给人们的祸害。

"灾"字由本义引申指"个人遭遇的不幸"，如招灾惹祸，没病没灾，大灾小难。

灭顶之"灾"

近年来,时有地震、泥石流、严寒、干旱、海啸等灾情发生,"灾害"成了热门话题,"灾"字成了人们关注的字。今日无锡梁溪谜语研究会在西水关茶楼举行讲座,重点讲"灾"字。

小陶在几位老前辈的具体指导下,做了充分的准备,由他担当主讲——

我是搞谜语的,三句话不离本行。讲到"灾"字,我就想到"坏家伙"这三个字。"灾"字是个凶字,"灾"字里有一半"家"一半"火"。"一火烧得家空空"也是"灾"。其实最早的"灾"字跟火无关,字形像川水横流的样子。这是因为汉民族最早聚居在黄河流域,而黄河又经常泛滥成灾,这个字就是表示水灾。正因为有水灾,才有"大禹治水,三过家门而不入"的故事。与水灾同样可怕的是火灾,于是先民们又创造了上为川,下为火的"灾"字,这就成了水火之灾。后来火灾渐多,古人又另造了个上为房屋下为火的"灾"字。田地荒芜也成灾,于是便有了上为"川"下为"田"的"甾"字,这个字也读"zāi",指的是"荒灾"。古代战争频繁,这也是灾难,古人又造了个"烖"字,指兵灾。如今规范化,决定用"灾"字表示一切灾害,其余的废除或只作偏旁用。

严格地讲,自然灾害叫"灾",人为祸害叫"难",合称"灾难"。自然灾害不是每时每刻都发生的,而人为的祸害却时时发生。今日电视报道,交警查获有百余人酒驾,有三十余人伤亡,平均每小时有一人遇难。即便是喜庆事儿,也可能变成灾难。有对小夫妻驾车出游,妻子给驾车的丈夫吃糕点,一个闪失,车毁人亡。几个人参加完婚礼,乘车返回时,有一位酒喝多了,将头伸出窗外呕吐,不料被后面超车的将头撞得没了影儿……

这些可怕的灾难,每时每刻都在我们身边发生,造成成千上万人伤亡,造成成千上万个家庭破碎,成千上万的人陷入万劫不复的痛苦之中,对他们来说,这就是灭顶之灾啊。所以我们除了要与自然界的灾难做抗争,还要增强自身的安全意识……

一字一世界

被刀砍伤后呼叫——哉

"哉"字是个右上包围结构的形声字兼会意字，左下方的"口"字是形符，表示跟"口"有关；右上方是"𢦏"，这个字读"zāi"，作声符并会意。

"口"字与"𢦏"相组合，指受到兵器伤害而痛苦地叫喊。因是叫喊，所以古人用"口"字作"哉"字的形符。

古人为什么用"𢦏"字作"哉"字的声符呢？

甲骨文和金文的"𢦏"字，都是会意字，主要由"戈"字组成。"戈"是长柄的兵器，有些甲骨文上还在"戈"上加有流血的形状，表示在战斗中拼搏砍杀，受了重伤。《说文解字》对此字的解释是："伤也。"段玉裁注解为："谓受刃也。"可见，这"𢦏"字的本义是"伤害"。所以古人用"𢦏"字作"哉"字的声符并会意。

小篆的字形由甲骨文和金文演变而来。楷书的字形由小篆演变而来，写作"哉"。

"哉"字被指刀斧兵器砍伤后，发出痛苦、惊讶慌乱的呼叫声。本义为"从口中发出喊声"。

"哉"字由本义引申指"表示感叹的语气词"，如呜呼哀哉！怪哉！快哉！

"哉"字跟疑问词合用，表示强烈的疑问和反问的语气，如此为何哉？如此而已，岂有他哉！

"哉"字大都在文言文中使用，今人在口语和书写中已用得不多了。

三人共说"哉"字

民间传说中,常提到北宋大文学家苏东坡与好友佛印和尚吟诗作对、相互开玩笑的故事。这佛印和尚何许人也?有说他是镇江金山寺的高僧,也有说他是杭州圣山寺的高僧。看来这佛印和尚是杭州寺庙的僧人较为靠谱。苏东坡在杭州任职多年,他常与佛印相聚,这佛印总不见得从镇江到杭州,往来奔波见苏大人吧?所以说他是本地和尚。

有一年中秋节,苏东坡的好友黄庭坚来拜访他。这天晚上,苏东坡雇了艘游船,备了美酒佳肴,与黄庭坚夜游西湖,饮酒赏月。因佛印和尚是常客,加之他贪杯,常常是不请自到,这次就没喊他。岂料佛印和尚早已得到消息,躲在船的后舱,专等苏东坡和黄庭坚开宴呢。

苏东坡与黄庭坚上船后,将船摇至湖心。此时明月当空,凉风送爽,满湖荷香。苏东坡端起酒杯对黄庭坚说:"你远道而来,就你我二人,佛印大和尚不来,倒也清静。我俩先来个行酒令吧。前两句写即景,后两句用哉字结尾。"

黄庭坚说:"好吧,你先来。"苏东坡吟道:

浮云拨开,明月出来,天何言哉!天何言哉!

黄庭坚对着满湖荷花,接着吟道:

莲萍拨开,游鱼出来,得其所哉,得其所哉!

两人正要抚掌大笑,不料佛印和尚打开后舱一扇小门,从船板底下爬了出来,且一边爬,一边唱道:

船板拨开,佛印出来,憋煞人哉,憋煞人哉!

苏东坡和黄庭坚见后船板底下突然冒出个人来,不由大吃一惊,听这人吟出这四句诗来,且有杭州口音,再低头一看,方知是佛印和尚。待佛印坐下,三人哈哈大笑,举起酒杯,遥向明月,共赏西湖美景。

人或物入于车内——载

zài
载

载 金文
载 小篆
载 隶书
载 楷书

"载"字右上包围结构的形声字兼会意字，左下方的"车"字作形符，表示跟乘坐的车子有关；"载"字右上方的"戋"字读"zāi"，作声符并会意。

"车"字与"戋"字组合，指"人或物入于车中"。因是指人或物进入车子里，这跟"车"字有关，所以古人用"车"字作"载"字的形符。

古人为什么用"戋"字作"载"字的声符呢？

甲骨文、金文和小篆的"戋"字都是形声字，从"戈"，作形符，表示跟兵器有关。左上角是"才"字，读"cái"作声符。隶变后的楷书写作"戋"。"戋"字后来作了偏旁，不单用，本义指"伤害"。因"戋"字有伤害之意，表示刀箭刺入肌肤之中，而"载"字表示人或物入于车内，也有进入之意，所以古人用"戋"字作载字的声符并会意。

楷书的字形由小篆演变而来，写作"載"，现简化为"载"。

"载"字的本义指"乘坐，装运"。如运载也叫"载运"，交通工具负担的重量称"载重"。超过负载重量称"超载"，也称"饱载"，装载和运送称"运载"；还有转载、搭载、载客、载货、车载斗量等词。

"载"字由本义引申指"承受"，如载荷、载体、承载、负载、载频、载波等词。"载"字由本义假借指"充满"，如风雪载途，怨声载道。又假借指"且、边、又"，如：载歌载舞。"载"字是个多音字，读"zǎi"时，由本义引申指"刊登、记载"，如登载、连载、转载，还假借指"年"，如一年半载，千载难逢，千年万载。

"载"和"车载斗量"

据《三国志·吴志》记载，三国时期，蜀主刘备的结拜兄弟关羽，率兵与曹军作战，东吴的孙权趁机袭击荆州，关羽因骄傲轻敌，被东吴大将吕蒙俘虏，后被杀害。刘备为替关羽报仇，便下令伐吴。祸不单行，就在刘备刚要发兵时，另一结拜兄弟张飞又死于非命。刘备就亲率七十万大军，水陆并进，杀向东吴。孙权得知消息，与众大臣商讨对策，决定按中大夫赵咨的建议，派他到魏国去协商，请魏国出兵援助。

魏国和吴国也相互提防，暗中争斗。孙权为挡住刘备的攻势，又不得不向魏国求援。尽管如此，孙权也不忘维护自己的尊严，不能有损国体，不能被轻视侮辱。当赵咨出发前往魏国国都许都时，孙权再三关照："此去许都，休失了东吴气象。"言下之意是，到了魏国，无论如何也不能丢了东吴的面子。

赵咨日夜兼程，赶到了许都，即今日河南许昌。赵咨当日便求见魏文帝曹丕。曹丕对东吴本就怀恨在心，今日见吴王孙权派使者来求援，他便显得既傲慢又讨厌。他问赵咨："你们吴主为人怎样啊，他平时看书吗？"还挑衅地问，"你们吴国怕不怕我们魏国呀？要是我们也发兵攻打你们，你抵挡得住吗？"

面对这些带有侮辱性的话，赵咨不亢不卑，又不失礼节地作了回应。曹丕听了，不由暗暗吃惊：东吴竟有这样的外交人才，不可小觑 "qù"，他便改变口气说："你也算是个人才。我问你，如你这样的人，在东吴有几个？"

赵咨答道："聪明过人者有近百人，如我这样的人，那可是车载斗量，数不胜数啊。"

后人将赵咨所说的"车载斗量"作为成语流传下来。"车载"，指用车子装载；"斗量"，指用斗来计量，指数量极多，毫不稀罕。

一字一世界

罪奴在屋下杀牲——宰

zǎi 宰

甲骨文

金文

小篆

宰 隶书

宰 楷书

甲骨文、金文和小篆的"宰"字，都是上下结构的会意字，上面的"宝盖头"指房屋，表示跟屋子有关。

"宰"字下面的"辛"字表示刑刀，这种刑刀也用来在俘虏或有罪人的额头上刺字，以便奴役，因此"辛"字也用来指"罪人"，这些罪人被发配到掌权者或有钱人家当奴隶。

"宝盖头"与"辛"字组合，表示犯罪的奴隶在屋下从事杀牲口的工作，杀牛羊以备祭祀祖先或神灵。隶变后的楷书写作"宰"。

"宰"字由掌管杀牲以备祭祀的奴隶，引申泛指"家奴、家臣"；又引申指"古代官名"，如我国古代辅助君主掌管国事的最高行政官员通称"宰相"，还有县宰、邑宰等地方行政长官。"太宰"是负责掌管皇家事务的官。

"宰"字由"官名"引申指"主管、主持"，如控制、统辖称"宰制"；支配、统治、掌握称"主宰"。

"宰"字由"主宰"引申指"杀牲畜"，如屠宰场、杀猪宰羊，这些都是"宰杀"之意。"宰割"指屠宰，也用来比喻侵略、压迫、剥削等意。

"宰"字由"宰割"引申指"向买东西或接受服务的人索取高价"，如"宰人""挨宰""宰客""宰人不见血""宰你没商量"。

"宰"和"宰相"

"宰"字作动词用，指杀牲畜，如屠宰、宰猪、宰羊。

"宰"字指主管，也指主持，如主宰。

"宰"字也作古代的官员，如县宰、宰相。

"宰相"是名词，是我国古代辅助君主掌管国事的最高官员的通称。

说起"宰相"一词的来历，这跟古代的祭祀活动有关。

早在原始社会时期，人们把一切希望都寄托于上天和祖先，用杀牲畜来祭祀神和祖先，是一种隆重而又神圣的仪式，所以一个原始部落的首领，往往就是这个部落在祭典中的主祭者。在祭典中，这主祭者的权力主要体现在"主宰权"。

什么叫"主宰权"？就是在仪式中主持杀牲畜和分肉的活动。"宰"，有屠宰、杀牲畜的意思，所以在原始社会发展过程中，许多重要官职的名称都与"宰"字有关。如"太宰""少宰""内宰"等。

当历史进化到商朝和周朝，进入奴隶社会时，仍然沿袭了早期的祭祀礼制，主宰权掌握在最高行政长官手中。在西周时的祭典中，都由周天子亲自赤膊执刀，宰割牛、羊、猪等牲畜，用来祭祀神灵与祖先。有时也会由卿大夫等高级别官员代替。

专家们对原始民族屠宰牲畜祭神的习俗做了充分的考证和研究，认为这种宗教权力与社会权力合二为一的主宰权现象，早在新石器时代就有了，也就是说，在文字出现前就已经存在了。所以汉字的"宰"字在产生之初便有了"宰肉"和"宰天下"的双重含义。"宰牛""宰羊""屠宰牲口"和"主宰""太宰""少宰""内宰"乃至"宰相"，若从甲骨文算起，并存了将近四五千年，字义几乎没有发生过什么变化所以不少人戏称，"宰"字是汉字中的"活化石"。"宰相"这一名称，现在的人一听就懂，对"主宰"的含义也不陌生，说到"屠宰牛羊"也毫不奇怪，这便是"宰"字的魅力所在。

心中挂念孩子——崽

zǎi
崽

古代的"崽"字跟"仔"字同音同义，本是同一个字，现在并存。

甲骨文、金文及小篆的"仔"字都是会意字，左边单人指"人"，右边"子"，表示人背着孩子。本义指"人背子"，后由本义引申指"幼小的"，如指小猪、小鸡、小鱼等，还指植物种子。现在作方言用，指男青年，如肥仔，打工仔。"仔"与"崽"同。

"崽"字是个上下结构的会意字，上面的"山"，有乡间山区之义，表示民间民俗，这是称呼小孩子的方言；下面的"思"字有思念之义，表示儿子是父母心中常常牵挂的人。"崽"是"子"的变音，也作"仔"。

"崽"字的本义指"儿子"。"崽"字由本义引申指"幼小的动物"，如猪崽、牛崽；一般用来指男青年，如打工崽，肥崽，西崽，兔崽子。说到"狗崽子"，那就是骂人的话了。

崽 小篆
崽 隶书
崽 楷书

小狗"崽"子

"崽"字跟"仔"字是同一个字,"仔"读"zǐ","崽"读"zǎi",是"仔"字的变音,都用来指幼小的,多指牲畜,如马、牛、羊、狗之类。南方方言中,将"仔"指男青年,如肥仔。"崽"也属方言,如"崽子",多用作骂人的话,如兔崽子、狗崽子。

这里讲个"小狗崽子"的笑话故事。

明朝万历年间,无锡有个县令名叫尤文才,此人既无文又无才,属不学无术之类,这县官是花大把银子买来的。

一天,知府大人到县衙巡视,尤县令隆重接待,鞍前马后,点头哈腰,极尽阿谀奉承、溜须拍马之能事。到了中午,请来厨师,设家宴招待。酒过三巡,两人为示亲切,拉起了家常。

尤县令问知府:"知府大人多子多福,想必儿女成双啊!"

知府答道:"只有一犬子。"

知府出于礼貌,回问道:"阁下福气不浅,膝下是千金还是公子?"

尤县令想回答:"只有一犬子"。转而想,官大一级压死人,知府比我高几级,我怎能跟他平起平坐呢?他自称自己的儿子为"犬子",那我的儿子绝对不能比狗大啊,否则他记在心上,给我穿小鞋咋办?再说,将来升官还要托他福哩,这可得罪不起。想罢,他恭恭敬敬地站起来,弯腰说:"回大人话,下官只有一个四岁的小狗崽子。"

知府听了,有点儿失态,哈哈大笑,笑得差点背过气去。

两条鱼重叠——再

zài
再

甲骨文

金文

小篆

隶书

楷书

　　甲骨文的"再"字是个会意字，字形分为三部分，上面一横，下面一横，当中是一简单的鱼形，这三部分组合，表示提两条鱼之意。

　　金文承接甲骨文，稍有变化。小篆使其整齐化。隶变后的楷书写作"再"。"再"字的本义指"两条鱼重叠"。

　　"再"字由本义引申指"两次或第二次"，如第二次、又一次称"再次"，也称作"再度"；书刊第二次出版称"再版"；又见面也称"再会"；妇女重嫁也称"再婚"；一次又一次称"再三"；过去的事情再出现称"再现"；东山再起、时不再来，都指"再次"。

　　"再"字由"再次"引申指"重复、继续"，如重新审查或重新审判称"再审"，再次犯法或犯错误称"再犯"，死而复生或机体受损重新恢复称"再生"，比喻对自己有重大恩情的人，多指救命恩人，称"再生父母"，表示留待以后办理或考虑，表示推进一层称"再说"。还有再算、再谈、再造、一再、再接再厉、青春不再、良机难再等词语。

　　"再"字由上义还引申指"更、更加"，如再增加一点就够了。"再"字还假借指"然后"，如再不，再则、再者。"再"字也作姓氏用。

"再"和"东山再起"

"再"字作副词用，表示又一次，有时专指第二次。作为书面语，表示再继续，再出现，如东山再起。

成语"东山再起"，本来是比喻隐退后再度出山任职，后多比喻失势后又重新得势。

距今两千三百多年前的东晋时期，有位大臣名叫谢安，字安石。他经常和大书法家王羲之郊游，每日登山临水，饮酒作诗，过着休闲自由的生活，不愿出来做官。

谢安很有才学，又有才干，为人气度宽宏，遇事沉着冷静，办事果断干练。他的才气广为人知，扬州刺使多次请他做官，他都谢绝。后来被逼无奈，只得勉强上任，但干了个把月，便告假回家了。扬州刺史又提升他的官职，他也不干。

东晋朝廷派专人去请他任职，他就躲到绍兴境内的东山隐居，表示不再参与官场上的事。

当时朝廷有位很有权势的将军叫桓（huán）温，此人统揽军政大权，威势显赫，不可一世。他要谢安当他的参谋，谢安便出山，当了桓温将军府的司马。桓温死后，晋武帝任命他为尚书，地位相当于宰相。

谢安任宰相期间，正逢苻坚率八十万大军南下，想一举消灭东晋。谢安稳定自若，沉着应对。他运筹帷幄，调兵遣将，任命他的侄子谢玄为前锋，大破秦军于淝水，使淝水之战成为历史上以少胜多的著名战例。东晋政权得到了巩固。

因谢安曾经在东山隐退过，后来再度登上权力顶峰，威望极高，令人仰慕，所以人们把隐退而再出者称作"东山再起"。这儿的"再"字有"再一次"的意思。现在也多用来比喻经历挫折或失败后，又振作起来，卷土重来，这也称作"东山再起"。

zàn
暂

每日时间很短促——暂

"暂"字是个上下结构的形声字兼会意字。下面的"日"字作形符，表示跟每一日有关。上面的"斩"字读"zhǎn"，作声符并会意。

"日"字与"斩"字组合，表示每日的时间很短促。

"日"字表示太阳，古人是以太阳在天空的位置来计时的，这与"日"字相关。"每一日"也与"日"字有关，人们感到时间短促，大多是以每一日来计算的，所以古人用"日"字作"暂"字的形符。

古人为什么用"斩"字作"暂"字的声符呢？

古代的"斩"字是个会意字，左边是"车"字，右边是"斤"字，"斤"字指"斧头"，"斩"字指"伐木做车子"。本义是"做车子"，后来引申指"砍伐、砍断"，又引申指"砍柴、砍头"。至于斩法中的"车裂"，就是"五马分尸"，也是引申义。砍头也罢，砍柴也罢，这些动作迅猛有力，很短暂，所以古人用"斩"字作"暂"字的声符并会意。

楷书的字形由小篆演变而来，写作"暫"，现简化为"暂"。

"暂"字的本义指"时间短促"，如短暂。

"暂"字由本义引申指"短时间之内"，如暂时；暂时、姑且称"暂且"，暂时延缓称"暂缓"，暂时停止称"暂停"，暂时实行的法令法规称"暂行"，还有暂用、暂住、暂缺、暂定、暂代等词。

暫 小篆

暫 隶书

暂 楷书

"暂"字露祸形

清军入关后,为了巩固政权,顺治帝就利用一些汉族的军阀驻守当地。顺治帝曾封吴三桂为平西王,镇守云南。封尚可喜为平南王,镇守广东。封耿精忠为靖南王,镇守福建。史称"三藩"。三藩均手握重兵,各据一方,对清廷的中央集权已构成潜在威胁。康熙接位后,为加强对全国的有效控制,于康熙十二年,先后下令撤去三藩。实力最强的吴三桂首先发难,以反清复明为借口,招兵买马,自称大元帅与清廷对抗。这时,耿精忠、尚可喜之子尚之信也相继响应,准备共同反清。康熙帝面对这危险局势,下定决心要平息叛乱。他对吴三桂采取坚决镇压的手段,对其他两个藩王采取围剿和安抚并用的策略,迫使耿精忠和尚之信投降。吴三桂在今湖南的衡阳称帝,不久病死,残余部队逃往云南。清军紧追其后,将其剿灭。康熙前后花了八年时间,才平定三藩之乱。下面这则小故事,就是在这期间发生的。

尚之信是个投机取巧、见风使舵的人,他一方面想守住广东平南王的地位,另一方面又想跟随吴三桂起事,从中捞点好处,但他又怕清廷大举围剿,自己无立身之地,所以他想两边讨好,让鹬蚌相争,自己从中得利。他打着如意算盘,施展两面派手法。

尚之信派人跟吴三桂联系,假称要跟他合作,对抗朝廷,反清复明,并自称"暂管辅德将军"。也不知这"将军"头衔究竟有多大权限,但"暂管"两个字十分显眼,特别是"暂"字,有临时、短暂、暂时的意思。他是想等局势明朗再大展宏图呢,还是出于谦虚担当此职?不得而知。

不久,清廷攻势猛烈,吴三桂节节败退,向贵州方向逃去。尚之信急忙向清廷投降,并自称"暂管平南亲王",他又用了"暂管"二字。当时的有识之士认为,尚之信前后两个头衔均以"暂"字冠首,颇有"斩首"之意,若将"斩"与"日"相合,这"暂"字有不日砍头之兆。局势尚不明朗,但这一"暂"字,已显祸形。

不久康熙扫平三藩,将尚之信"赐死"。"赐死"是文雅的客气话,与"推出去砍了"没有本质的区别。

接礼后引见主人——赞

zàn
赞

小篆
赞

隶书
赞

楷书
赞

"赞"字是个上下结构的形声字兼会意字，下面的"贝"字是形符，表示跟宝物财礼有关；上面的"兟"字读"shēn"，作声符并会意。

"贝"字与"兟"字组合，表示官员或大户人家家里负责引导宾客的人，他们接过客人礼物，手捧着去引见主人。

因是接过客人的礼物，而礼物一般较为贵重，所以古人以"贝"字作"赞"字的形符。

古人为什么用"兟"字作"赞"字的声符呢？

古代的"兟"字是个会意字，由两个"先"字组成，表示两人并排走在前面，有在前引导宾客之意，此为本义。这个"兟"字是"赞"字最早的字形，是"赞"字的本字。所以古人用"兟"字作"赞"字的声符并会意。

楷书的"赞"字由小篆演变而来，写作"贊"，后简化为"赞"。

"赞"字的本义指"拿着财礼引客见主人"。后假借指"帮助"，如支持、帮助称"赞助"。

"赞"字假借指"同意"，如赞同、赞成。

"赞"字也指"夸奖、颂扬"，如赞歌、赞礼、赞美、赞赏、赞颂、赞叹、赞许、赞扬、称赞、夸赞、盛赞、赞佩、赞不绝口。

笔"赞"岳飞忠臣

秦桧是江宁（今江苏南京）人。北宋末年，他与宋徽宗和宋钦宗二帝被金兵俘虏北上。他投降金统治者，被放回南宋。他谎称是杀死金兵看守逃回来的，其实是回来充当金朝内奸的。他被宋高宗任命为宰相，干尽了卖国求荣的勾当，杀害了抗金名将岳飞，成了千古罪人。后来，人们为了表达对岳飞的崇敬，对秦桧的愤恨，用生铁铸了秦桧夫妇的跪像，放在岳飞墓前，让世人唾弃。

六百多年后的一个清晨，尚是少年的爱国志士谭嗣同，跟着父亲来到杭州。父亲没带他去游西湖美景，一大早就来到岳坟，拜谒岳飞。

谭嗣同看着秦桧夫妇跪着的铁像，恨得牙痒痒，举着拳头说："我恨不得拿把刀，把他们的头砍下来！"

父亲听了，略一沉思，吐出四个字来：

刀砍秦桧

谭嗣同马上意识到，这是父亲在出上联，要他对出下联呢。他随口答道：

笔赞岳飞

这下联"笔"对"刀"，"赞"对"砍"，"岳飞"对"秦桧"，上下联对仗工整。一个"赞"字充分表达了他对岳飞的崇敬之情。父亲点头认可，又引出六个字：

刀砍秦桧抓贼

谭嗣同马上回答：

笔赞岳飞忠诚

在一旁的游客们听了，无不拍手称好。

做酒剩下的渣滓——糟

zāo
糟

金文
小篆
隶书
楷书

　　古代的"糟"字是个左右结构的形声字兼会意字，左边的"米"字是形符，表示跟谷物米有关；右边的"曹"字是声符，读"cáo"。"糟"字指做酒剩下的渣滓，如糟糠。

　　古人为什么用"曹"字作"糟"字的声符呢？因为古代的"曹"字是个会意字，它由上面两个"东"字和下面一个"口"字组成。古时官员审案时，原告和被告都站在东边，故"曹"字有两个"东"字；又因为官员审案时必须用"口"来讲话，所以"曹"字有一个"口"字。"曹"字中有被告和原告，所以含有两者俱在的意思。而"糟"字中有酒与酒渣俱在的意思，所以"糟"字用"曹"字作声符兼会意。

　　"糟"字的本义指"没有经过过滤而含渣滓的酒"，后来引申为"过滤出来的酒渣"；又引申指"以酒或盐腌制食物"，如糟肉，糟鱼。

　　"糟"字作形容词用，表示腐烂、不结实，如木头是糟的。

　　"糟"字也表示事情或情况很坏，如糟糕、一团糟、乱糟糟；又引申指"损坏、浪费"，如糟害，糟践，糟踏。

　　"糟糠"指酒糟、米糠等粗劣食物，旧时穷人以此充饥。人们把贫困时共患难的妻子称为"糟糠之妻"。

　　"糟粕"指酒糟、豆渣之类的东西，比喻粗劣而毫无价值的东西，如去其糟粕，取其精华。

三雄赤壁之对——糟

一部《三国演义》，写尽了三国时期的风云变幻，也写尽了众多英雄豪杰。赤壁之战，是《三国演义》中的精彩篇章。殊不知，在赤壁大战前夕，还有一段很精彩的"三雄赤壁之对"呢。

却说孙刘联盟，准备共破曹魏。诸葛亮奉刘备之命，来到东吴，共商大计。东吴大将周瑜心胸狭窄，对诸葛亮既忌又恨，总想置他于死地。东吴重臣鲁肃是个厚道人，暗中护着诸葛亮，时时充当和事老。

赤壁大战前夕，周瑜摆酒席宴请诸葛亮，并请鲁肃作陪。酒过三巡，周瑜端起酒杯道："我三人光喝寡酒，煞是无味。我们何不来个赤壁之对，以助酒兴？"

诸葛亮和鲁肃连声称好。周瑜对诸葛亮道："既如此，我先出上联，孔明先生对下联。对得好有赏，对不出，推出斩首，如何？"

诸葛亮从容答道："军中无戏言，都督请讲。"

周瑜暗喜，吟道："有水也是溪，无水也是奚，去掉溪边水，加鸟便是鸡（雞）。得志猫儿胜过虎，落魄凤凰不如鸡。"

诸葛亮接口吟道："有木也是棋，无木也是其，去掉棋边木，加欠便是欺。龙游浅水遭虾戏，虎落平阳被犬欺。"

周瑜听了，心中不快，但不便发作，又出一联："有手便是扭，无手便是丑，去掉扭边手，加女便是妞。隆中有女长得丑，百里难挑一个妞。"

诸葛亮知道周瑜这是在嘲笑自己的妻子长得丑，便回应道："有木也是桥，无木也是乔，去掉桥边木，加女便是娇。江东美女大小乔，曹操铜雀锁二娇。"

周瑜一听，知道诸葛亮在讥讽自己，不由怒发冲冠。鲁肃见形势不妙，连忙出来打圆场："有木也是槽，无木也是曹，去掉槽边木，加米便是糟。当今大事在破曹，龙虎相争便是糟。"

鲁肃吟罢，诸葛亮击掌喝彩，周瑜也只好强作欢颜，挤出一丝笑意。

太阳刚刚升起的早晨

zǎo
早

早 甲骨文
早 金文
早 小篆
早 隶书
早 楷书

小篆的"早"字，上面是个"日"字，下面是个"甲"字。"甲"字本来写作"十"字，"十"字像东西破裂的裂痕，合起来表示天将破晓、太阳冲破黑暗而出的意思。这是个会意字，本义指"太阳刚升起的时候"。

也有人认为，小篆的"早"字是由"日"字和"甲"字组成，"甲"字指古代士兵戴的头盔，在这里表示头，与"日"字合起来，表示太阳在头顶上面。"早"字的本义指"清晨"，太阳刚刚出来的时候。

还有人认为，古代的"早"字中的"十"字，指当时士兵为保护胸背而穿的铠甲。这种铠甲是由皮革制成的，而皮革常常开裂，黑夜只有裂开一条缝，太阳方可冲出，所以"早"字以"日"字和"十"字会意。

"早"字的本义指"清晨"，如早茶，早操，早饭，早班，早车，早起，清早，一早，起早贪黑。

"早"字由本义假借指"很久以前"，如早期，早先，早年，早已，老早。

"早"字又引申指"比一定的时间靠前"，如：早春，早熟，早期，早市，早退，早睡，早婚，早产，早衰，早育，提早。

"早"字由本义又引申指"早晨见面时的礼貌语"，如早安，您早，早晨好。

"早"字也作为姓氏用。

太阳照田中——早

二十世纪七十年代,大批专家教授被赶到农村接受贫下中农再教育。要他们放下粉笔,拿起牛鞭,去田头割草放牛,干体力活儿。在江苏句容石狮乡,便有南京来的大学教授,在这儿种田插秧。

这天早饭后,任教授和施教授来到田边,割了会儿草,两人腰酸背痛。他俩见四下无人,便坐到田埂上,抽支烟,"偷得半日闲"。

两位都是古汉语专家,话题离不开经、史、子、集,谈起汉字来,更是津津乐道,浑身来劲。眼前水田平如明镜,太阳当空照着,秧田里闪闪发亮,施教授提议道:"眼前除了田,还是田,你我何不以田为题,说出几个字来,有朝一日回到讲台上,也不至于忘了老本行啊。"

任教授说:"那我就以田说字吧。这'畔'字,你得猜出一字。"

施教授在手心画了几遍,苦苦思索:"是呀,我们现在就坐在田畔,可这一个字,还能猜出什么字来呢?"经一番沉思默想,他一拍大腿,道:"对了,是个'日'字。'畔'者,'田'之一半也。田字的一半,不是个'日'字么?"

任教授说:"好吧,你也来一个吧。"

施教授指指头顶太阳,又指指水田说:"太阳照田中。"

这回,轮到任教授苦苦思索了。他猛吸了几口烟,反复推敲"太阳照田中"五个字。他想,太阳指"日",它无法塞进"田"字里,因此和"田"字组不成字,那么"田"字中间是什么?这是个"十"字,原来,太阳照的非田也,而是"田"字当中的"十"字,"日"字高挂在"十"字上,这是个"早"字呀。

两位教授说罢这些,又讨论起甲骨文被发现和鉴定的历史来。田头休息,变成了学术讨论。

zǎo
枣

甲骨文
朿朿
金文

朿朿
小篆

棗
隶书

枣
楷书

高大带刺的枣树

古代的"枣"字是个会意字,是由两个"朿"字上下组合而成。"朿"字读"cì","朿"字是"刺"字的古字,表示树木上的刺。两个"朿"字叠加,表示这带刺的树木很高大。"枣"字的本义就是指"枣树"。

也有人认为,小篆的"枣"字是会意字。其字形由"重"和"朿"组成,指枣树。枣树是一种高而多刺的树木,因"朿"像木生的刺,而"重"有"重复"的意思,而枣树上的刺层层叠叠,也有重复的意味,所以"枣"字以"重"字和"朿"字会意。楷书的字形由小篆演变而来,汉字简化时,将两个"朿"字重叠改为"枣"。

"枣"字的本义指"枣树",这种树属落叶乔木或灌木,枝有刺,开小黄花。它的果实称"枣",成熟后呈暗红色,味甜,可食,也可入药。它的木材坚硬,可制车船等交通工具。

"枣"字由本义引申指"枣树的果实",如枣核,枣泥,枣子,海枣,黑枣,蜜枣,酸枣,红枣,甜枣,囫囵吞枣。

宋·苏轼《三希堂法帖》

明·曾弋《三希堂法帖》

汉武帝出字谜——枣

　　西汉时有个汉武帝，他在京城外造了一个皇家园林叫"上林苑"，园内花果树木，小桥流水，美不胜收。这天，园林主管给武帝送来四十九枚枣子，请武帝尝鲜。

　　汉武帝是个好玩耍又爱开玩笑的人。他看看盘子里这四十九枚枣子，便想出一则隐语，内含一个字谜，于是派人将猜谜高手东方朔喊来，想试试他猜谜的本领究竟如何。

　　东方朔被召上殿来，只见汉武帝以一根手杖击打未央宫大殿前的木门槛，还连声说："叱叱，束束。"然后问东方朔这是什么意思？

　　在场的大臣们围了一圈，都不明白今日皇上如此这般是什么意思，也料定东方朔答不出来。东方朔沉思片刻，上前奏道："皇上，想必是上林苑献枣四十九枚吧？"

　　汉武帝点头称是，但心中惊奇万分，在场的人亦感到不可思议。汉武帝问东方朔是怎么猜出来的，东方朔说："臣见皇上以杖击木门槛，此为两木，两木为林，想必是上林苑；皇上又说'束束'，两束合而为'枣'字（枣字的繁体字）；皇上又连说'叱叱'，此'叱叱'音同'七七'，七七四十九也，故臣认为是上林苑送来四十九枚枣子。"

　　汉武帝说的一段话虽为隐语，采用了折字、谐音等方法，还配以动作，近似于哑谜，但还是被聪明绝顶的东方朔猜出来了。

用砖坯砌成做饭的炉灶

zào
灶

金文和小篆的"灶"字是个上下结构的形声字,上面是个"穴"字,作形符,表示跟洞穴有关;下面的"黾"字读"cù",作声符兼表意。

这两个字形组合在一起,指用砖、土坯等砌成的用来烧火做饭的设备,因为炉灶要有出烟的地方,烟囱当中是空的,所以用"穴"字作形符。

古人为什么用"黾"字作"灶"字的声符呢?

古时,包括近代及现代农村一带的炉灶,仍然保持着老样式,炉灶的形状有如蹲伏在地上的大腹癞蛤蟆的样子。而古代的癞蛤蟆就写作"黾"(cù),表皮凸起,一副丑态,本义为"蟾蜍(chán chú)"。正因为此,古人才用"黾"字作"灶"字的声符兼会意。

小篆的字形由金文演变而来。

楷书的字形由小篆演变而来,写作"竈",如今规范化写作"灶"。

"灶"字的本义指"做饭的设备",如迷信的人在锅灶附近供的神称"灶神",炉子和灶统称为"炉灶",在饭馆食堂或办酒席的人家主持烹调的人称"掌灶";还有灶君、大灶、小灶、煤气灶、灶台、锅灶、重起炉灶、另起炉灶等词语。

金文

小篆

竈
隶书

灶
楷书

七"灶"八灶,两灶连心

　　凡是沿海地区,以"灶"字和"团"字及"仓"字为地名的地方便有很多。俗话说,"靠山吃山,靠水吃水",住海边的人家,除了打鱼,还有一项重要的产业便是制盐,将海水晒干后变成粗盐,有些季节要将海水煮干后成盐,这样就要造不少大型锅灶来煮盐。支灶的地方多了,不能一一命名,就以数字来称呼,从一到十,按次序排,所以有以七灶、八灶为名的村庄。

　　元朝时,"并灶聚团",将零星的以"灶"为单位的小盐场并为以"团"为单位的制盐单位。到明朝时,盐业兴旺,朝廷任命盐政官员代理地方行政,所以"团"又成为地方上的一级行政单位,相当于村、乡,因"团"很多,也只能以大小和方位来命名,故有"大团""小团""南团""北团"的地名。囤盐的仓库所在地都称"仓"。有不少运盐的河道,取名跟盐业有关。谈起盐业,那是一种历史,是一门科学,也是一种文化。如今在沿海一些城乡,有不少七灶、八灶、大团、小团的名称,留下许多有趣的故事。

　　却说民国年间,苏北建湖县蒋营镇教私塾的吴大先生,这年年底,到大丰县亲戚家喝喜酒。女方是七灶的,男方是大团的,划着小船去接吴先生的,是新郎的弟弟。吴先生是名人,家住小团的本家侄儿听说大伯来了,又将他请了过去。吴先生屁股还没坐热,家住七灶的新娘家又将他拖了过去。家住八灶的外甥听说舅舅来了,死拉硬拽,又把吴先生拉回家。各家互不相让,还差点为此生气呢。吴先生当机立断,由他做东,将四家亲友请到饭店先吃桌团圆饭,眼看新年快到了,当场为每家写对联,要写什么就写什么,就连大门、二门、灶间、谷仓、牛棚猪圈都写了,但贴在大门上的对联是统一的:

　　　　七灶八灶,两灶连心。
　　　　大团小团,一团和气。

　　七灶八灶、大团小团的亲友们捧着这些对联,一个个乐得合不拢嘴。

乘船前往造访

zào
造

金文

小篆

隶书

楷书

  金文的"造",是个左下半包围结构的形声字兼会意字,它由三部分组成:外面是个宝盖头"宀",表示房屋,里面左侧是个"舟"字,表示船,右侧是个"告"字,"宀"及"舟"作形符,"告"字作声符兼会意,读"gào"。这三个字形组合,表示乘船前往到访之意。

  后来的字形略有变化,省去了"舟",加半条街和一只脚,意思仍然是指"前往、到",只是不突出乘船,而是用脚在街道行走了。小篆的字形又有变化,省去了房子,并使其整齐化,成了个以脚走和"告"字组成的会意字,"告"字也兼声符。

  隶变后楷书写作"造",本义指"到访、到达"。

  也有人认为,金文的"造"字,"宀""舟""告"三个字形,是告诉人们,房子和船均为人所制造,本义应为"制作、建设"。

  对"造"字之所以有不同的解读,恐怕跟"造"字字形前后有较大变化有关。我们不妨把"造"字的本义定义为"制作、建设、创造",如造船、造林、打造、造福、缔造、仿造、改造、构造、假造、建造、人造、伪造、修造、铸造等。

  "造"字由本义引申指"培养、成就",如造就,深造,造诣。

  "造"字还假借指"到、去",如造访,登峰造极。还假借指"庄稼收获的次数",如一年三造。

  "造"字也作姓氏用。

铜镜铭文查年代——造

每到节假日,北京潘家园,那真是人山人海,来淘宝捡漏的成群结对,走路都得紧挨着,真可谓摩肩接踵了。

人群中,有来自无锡梁溪谜语研究会的小陶及一帮朋友。一道刺眼的亮光闪过,同行的小刘发现地摊上有个古色古香的铜镜放在那儿,无人问津,小刘喜欢买这些小杂件,他不求淘到价值连城的古董,只想找到自己喜欢的工艺品,若是年代久远、品相又好的,就是他心中的"国宝"了。

小刘弯腰拿起铜镜,仔细欣赏起来。这镜子打磨得闪闪发亮,能照出脸上的毫毛,铜镜有个把儿,拿在手里有厚重感。镜面呈圆形,背面刻有花蝶及鸟兽图案,其中突出一头牛,牛的下方铸有十三个隶书写的铭文:"一牛有十口,前牛无角,后牛走口。"

小刘把小董几个人喊来,轻声议论,琢磨起这十三个字来。小董是猜谜行家,他立马看出,这铭文是个谜面,谜底是这镜子铸造的年代。"一牛有十口",重在"十口",此为"甲"字;"前牛无角",重在"牛"字无角,指"牛"字不出头,此字为"午"字;"后牛走口",合成"造"字。三句话综合起来便是"甲午(年)造"。

小董对古玩也略知一二,据他所知,铜镜始自殷商时代,战国时已很盛行,那时的铜镜制作轻薄精巧。到两汉时期,铜镜逐渐厚重。唐朝制作精工,形状多圆形,也有菱形和方形,图案有人物故事和花鸟走兽。到了宋朝和元朝,出现有柄可执的铜镜。最为关键的是,清代以后,铜镜逐渐为玻璃镜子所代替。他按六十年为一甲子计算,从清朝向前再推六十年,这铜镜就是明朝时制造的了,应该算是文物啦。

小刘听罢,心中有底了,他蹲下身子,跟摊主讨价还价,一心要把这铜镜买到手。

一字一世界

众多鸟虫乱叫——噪

zào
噪

金文

𠱢
小篆

噪
隶书

噪
楷书

"噪"字是个左右结构的形声字兼会意字，左边的"口"字作形符，表示跟"口"有关；右边的"喿"字读"zào"，作声符并会意。

"口"字与"喿"字组合，指众多的鸟虫乱叫。因指的是虫儿和鸟儿乱叫，这与"口"有关，所以古人用"口"字作"噪"字的形符。

古人为什么用"喿"字作"噪"字的声符呢？

金文的"喿"字是个会意字，上面三个"口"字，下面一个"木"字，表示众鸟在树上鸣叫之义。小篆的字形相似，使其整齐化。隶变后的楷书写作"喿"。

"喿"字的本义指"众鸟鸣于树上"，后来"喿"字作了偏旁，古人就在"喿"字左边加义符"口"字，表示鸟儿虫儿鸣叫之义，"喿"字只作偏旁，不再单用。凡从"喿"字取义的，都与声音嘈杂吵闹有关，由此可见，"喿"字是"噪"字的本字，是最早的"噪"字，所以它成了"噪"字的声符并会意。

楷书的字形由小篆演变而来，写作"噪"。

"噪"字的本义指"鸟叫"，引申指"虫鸟的喧叫"，如群鸦乱噪、鹊噪、蝉噪。"噪声"是指在一定环境中不应有而有的声音，泛指嘈杂、刺耳的声音。"噪音"指音高和音量变化混乱，听来是不和谐的声音，与"噪声"同义。

"噪"字由本义引申指"大声叫嚷"，如鼓噪，呼噪，聒（guō）噪，这些都是指声音嘈杂刺耳。"噪"字由上义还引申指"名声广为传扬"，如名噪一时，声名大噪。

"噪"和"鼓噪"

"噪"字作书面语用，指虫或鸟叫，也被用来指大声叫嚷，如噪音、鼓噪。

距今两千六百多年的春秋末期，在今日江苏、浙江一带有两个国家，一是吴国，国都在今日江苏苏州一带，国君是吴王夫差；另一个是越国，国都在今日浙江绍兴一带。这两个国家世代相仇，攻伐不断。到了吴王夫差登位，又发兵攻打越国。两军在太湖和固城一带，即今日江苏高淳县南面一带展开激战，结果越国大败。越王只得向夫差求和，送去金银财宝和美女，自己带着妻子甘愿到吴国当吴王的差役去侍候吴王。夫差同意了，越国成了吴国的属国。勾践在吴国为吴王当牛做马，将国事交给文种及几位大臣处理。他在吴国忍气吞声地侍奉吴王。三年后，吴王被他的行为所感动，放他们夫妻回国了。

越王勾践回国后，时刻不忘复仇大业。他卧薪尝胆，刻苦自励，发愤图强，积蓄力量。十年后，他趁吴王夫差北上争霸之机，发兵攻吴。吴王只得回兵，仓促应战。两军在笠泽隔水布阵，准备决一死战。

勾践亲自率军作战，他采取声东击西的战术，派数支小分队，趁着黑夜，迂回到吴军阵地，佯装进攻，虚张声势，擂鼓呐喊，迷惑吴军。史书上写"使夜或左或右，鼓噪而进"。就是说，越军趁黑夜，一会儿从左面进攻，一会儿从右面进攻，一边擂响战鼓，一边大声呼叫，使得吴军疲于奔命，调集军队分兵抵挡。

越军采取这一战术，打得吴军人困马乏，不知越军主力在哪儿。越军趁吴军大营空虚，集中兵力，奋勇拼杀，终于将吴军打败，接着乘胜追击，灭了吴国，迫使吴王自杀，报了当年亡国之仇。

史书记载此次战争时，用了"鼓噪而进"这句话，其中"鼓噪"一词流传下来。"鼓"，在这儿表示擂鼓；"噪"，读"zào"，指大声呼叫、呐喊。"鼓噪"本指古代作战时擂鼓呐喊，以张声势，以壮军威。因为鼓在古代战争中有发布命令的作用，故有战鼓隆隆、一鼓作气、鼓角相闻这些词。如今"鼓噪"一词已淡化了战争中擂鼓呐喊的色彩，而是泛指大声喧嚷、七嘴八舌的说话声。

一字一世界

刻在鼎上的规则

zé
则

金文

小篆

则
隶书

　　金文的"则"字是个左右结构的会意字，左边是个鼎，鼎内烧了不少肉；右边是立刀旁，表示用刀割鼎内烧熟的肉。割肉时要按一定的规则来分配。因"鼎"字与"贝"字在古文字中字形相近，小篆就将"鼎"字误写成了"贝"。隶变后楷书写作"則"，如今简化为"则"。本义指"按照规范宰割鼎肉"。

　　也有人认为，"则"字是会意字，金文的"则"字左边是个"鼎"，右边是把刀，这两个字形组合在一起，指古代将法律条文刻在鼎上，告诫人们都要严格遵守，所以用"鼎"字来会意，而不是后来误传为"贝"。又因为鼎上的文字是用刀刻成模子，然后再用熔化的铁水浇铸而成的，所以用刀来会意。

　　小篆的字形是由金文演变而来的，楷书的字形是由小篆演变而来的，写作"則"，如今简化为"则"。

　　"则"字的本义指"规章、法则"，如规律、规范称"法则"。规定出来的让人们共同遵守的章程制度称"规则"，也称"守则"。由本义引申指"榜样或标准"，如说话或行事所依据的法则或准则称"原则"，言论、行动等所依据的标准和原则称"准则"。

　　"则"字还假借指"量词"，如新闻四则，寓言两则。还假借指"就"，如穷则思变，欲速则不达。又假借指"却"，如说则说，不能说过头。

"作则"和"作贼"

"文字狱",是封建帝王借助避讳习俗,又利用汉字谐音的特点而形成的一种文化毒瘤。从秦朝开始,历经两千余年,腥风血雨,不知多少读书人,因一字一词,冒犯了君王,轻则流放,重则杀头,更有满门抄斩灭九族的惨案。

在列朝列代帝王中,赤膊上阵、亲自操刀的文字狱刽子手,恐怕就数明太祖朱元璋了。

朱元璋出身微贱,没什么文化,但他总以文化人自居。虽然造反成功后当上了皇帝,由微贱之人,骤然成为万人之上的国君,但他总摆脱不了童年当过"乞丐",后来又当过"和尚"的苦难情节,因而他常为此而自卑。造反时,他曾参加过红巾军,在此期间,难免打家劫舍,干些偷鸡摸狗乃至杀人放火的强盗勾当。如今黄袍加身,坐上龙廷,他就有种雪洗往日耻辱而报复社会的阴暗心理。这种阴暗心理在大权在握、一言九鼎的皇权支撑下得以实现,并无限扩张,造成心理变态,于是就愈加疯狂,无理可讲了。

据史记载,浙江林元亮写《谢增俸表》中有"作则垂宪"之语,北平赵伯宁写《贺万寿表》中有"垂子子孙孙而作则"句,朱元璋都把表中的"则"字,联想成与其谐音的"贼"字,认为这两人是在讽刺他当年参加红巾军时为"贼"的历史。这两人都因这"则"字与"贼"字谐音而丢了性命。

向借债人讨债——责

zé 责

金文

小篆

責 隶书

责 楷书

　　古代的"责"字,是个上下结构的形声字兼会意字,下面的"贝"字是形符,表示跟钱财宝物有关;上面的"朿"字是声符,读"cì",这两个字形组合在一起,指"债主向欠债人讨要所欠的钱财"。

　　因为"贝"字是最原始的货币,债主讨要的就是钱财,所以"责"字以"贝"字作形符。

　　古人为什么用"朿"字作"責"字的声符呢?因为"朿"字表示尖锐的芒刺,有伤害人的意思。而债主在向借债人讨要钱财债务时,难免要说些尖锐刻薄的话,这些话就像芒刺刺人一样,令人难受,所以"责"字以"朿"字作声符并会意。

　　小篆的"责"字是由甲骨文演变而来的,隶变后的楷书写作"責",后简化为"责"。

　　"责"字的本义指"债务"。后来这个本义被另造的"债"字所代替,"责"字就假借指"分内应该做的事情",如应尽的职责或未尽应尽的职责而应当承担的过失称"责任",担负责任、尽到责任称"负责",推卸责任称"卸责",专门担负某项责任称"专责";塞责、文责、贬责、责无旁贷、敷衍塞责等,都是指"分内应做的事"。

　　"责"字又假借指"指摘",如挑出缺点错误加以责备称"指责",责怪、要求完备称"责备";责骂、贬责、斥责、叱责、呵责、苛责、谴责、痛责等,都有指摘的意思。

　　"责"字由上义又引申指"诘问",如责难,责问,诘责。又引申指"督促、要求",如责令,责成,求全责备。"责"字还假借指"惩罚",如责打,责罚,罪责,问责。

84

神圣的职"责"

无锡梁溪谜语研究会，经常在西水关茶楼举办市民讲座，传播文化知识。一天，赵纪方见茶馆来了这么多人，笑着对吴老板说："'来人还债'，以我这句话请你猜个字。"

吴老板笑道："这是'责'字嘛。让你们喝好茶，讲好课，开开心心，是我的职责嘛！"

赵纪方说："今天由我讲公民道德中的职业道德，我要讲到职责、责任呢。"

赵纪方开讲时，先讲了"职务"的"职"字，又讲了责任的"责"字，还讲了两者之间的区别，重点讲了跟当前公民道德中相关的"职责"和"责任"。

赵纪方讲着讲着，忽然停住了。他两眼盯着那拎着大铜壶、穿行在茶客间为人续水的服务员小罗，大家的视线也转向小罗。只见他佝偻着腰，把大铜壶搂在怀里，生怕开水烫伤茶客。为保护自己，大热天，他胸前挂着厚厚的棉围腰。小罗见众人盯着他，腼腆地笑笑，解释道："人太多，没办法！"

赵纪方说："这就是职业道德，极端负责！"

有位市民举着手机说："昨晚下暴雨，有个窨井盖被偷了。我看到有个环卫工人撑把伞，一直守在那儿，到夜里十点钟才走，被我拍下来……"

说罢，他展示手机拍的照片，让大家欣赏。

有位中年汉子说："星期天，我儿子跟七八个同学到宝界桥太湖里游泳。我一听，吓得喊了部出租车赶过去。到那儿一看，他们在桥头游得可开心哪。这帮孩子，就喜欢在湖里游泳，不愿进游泳池。我看到他们的班主任王老师，站在深水里，手拿长竹竿，像卫兵似的守在那儿。他在湖岸边划了个浅水区，凡是越过界线的，他就挥起长竹竿，以示警告。他也是闻讯赶来的，长竹竿是向附近居民家借的。我看了很感动。王老师把教师看作是神圣的职责。听儿子说，王老师不会游泳，他站在深水里，摇摇晃晃，心里紧张，还装出满不在乎的样儿呢。"

用刀戈毁坏宝贝——贼

zéi
贼

金文

小篆

隶书

楷书

对"贼"字有两种不同解释。

有人认为,"贼"字是个左右结构的形声字,左边的"贝"字另加旁边的"𠂇",实为"则"字的变形,这个字读"则"声;右边的"戈"是长柄兵器。贼的本义就是用"戈"伤害和杀害。

另一种解释认为"贼"是个会意字。

小篆的"贼"字左边是"贝"字,表示宝物。右边的这个字是"戎",读"róng",是古代兵器的总称,在这儿也指兵器。"戎"可分为两件武器,一是右面一大块的"戈",二是左下方那两笔像匕首样的,可看作是刀,合在一起,表示用"刀"和"戈"去毁坏宝贝。将这些东西毁坏,实际上就像贼窃取人家东西一样,因此,"贼"也引申指"强盗"。

这一说法,与前面的说法并无根本区别。

古代把犯上作乱的人被称为乱臣贼子、奸贼。

出卖国家和民族利益的人称为卖国贼。

偷东西的人被称为盗贼。

"贼"有不正派的意思,如贼心,贼头贼脑,贼眉鼠眼。

"贼"有狡猾的意思,如这老鼠真贼。

"贼"可当副词用,表示很多,如贼冷,贼亮。

汉·曹全碑

唐·颜真卿《祭侄稿》

戒贝不成"贼"

清朝末年,江南有一个教书先生,在教学生认字的时候,他发现学生常常把"贼"字右边的"戎"写成"戒",便对学生们说:"'贼'字左边是'贝',因为古人曾用贝壳做过货币,表示宝贝或金钱。右边是'戎',这是武器,表示带着凶器去偷钱。而'戒'字有两个意思,一是去掉、除掉,表示戒除,如戒烟、戒毒。二是表示防备、警惕,在这儿,就是两手拿着武器戒备,为的是保护钱,不被人偷走。如果右边是个'戒'字的话,也就是说时刻有人戒备,那贼就成不了贼了。"

有学生不以为然,说不就是多了一竖吗,"贼"还是"贼",难道变了不成?

教书先生听了,一脸严肃地说:"要知道,这旁边的"戒",还有去掉、戒除的意思。一个人如若戒除了对金钱的欲望,他就不贪财了,他还会去做贼吗?这就是说,除了别人戒备严之外,更主要的是自己戒除贪心,这样才不会做贼。因此'戒''贝'不成'贼',请大家以后再写这个字的时候,右边一定不能多一竖了。"

听先生解释得这么有趣,学生们都点头称是,从此再也没写错过。

添土夯实增加高度

zēng
增

增 小篆
增 隶书
增 楷书

　　小篆的"增"字是个左右结构的形声字兼会意字,左边的"土"字是形符,表示跟泥土有关;右边的"曾"字读"zēng",作声符并会意。

　　"曾"字与"土"字相结合,指古人筑墙盖屋时,常用添土夯实的方式,不断加高加宽墙的高度。因为古时的墙大多是用土垒起来的,所以古人用"土"字作形符。

　　古人为什么用"曾"字作"增"字的声符呢?

　　小篆的"曾"字是指蒸熟食物的器具,如同今日的"蒸笼"。一套蒸笼,有蒸锅、笼屉(tì)、盖子等一层层地摞起来,所以"曾"字有重(chóng)叠之义。而夯土筑墙,一层层加土,也有重叠之义,所以古人用"曾"字作"增"字的声符并会意。

　　楷书的"增"字由小篆演变而来,写作"增"。

　　"增"字的本义指"添加",如增加高度为"增高";在原有的基础上加多称"增加",增加并促进称"增进",增添光彩称"增光",增进加强称"增强",增加人力和物力支援称"增援",一次比一次增加称"递增",猛烈增加称"激增",增加又提高称"增长"。

　　"增"字也作姓氏用。

替江山增色——增

明朝开国皇帝朱元璋，出身卑微，没读过什么书，但他聪明而有远见，平定四海，求贤若渴。他重农桑、兴礼乐、崇教化，制定的各种法规都很相宜，可算是前所未有。但他行事严明，晚年偏好诛杀，生怕有人夺了他的江山，这使得大批开国元勋很少有善始善终的。

却说有年除夕之夜，朱元璋穿着便服，独自一人出了宫门，来到人山人海的夫子庙，看民众闹花灯。看到百姓如此欢乐，朱元璋认为这太平盛世全是因为他的恩德，不由暗暗自喜。

一家卖文房四宝的店铺前灯光通明，不少人在门口排起了长队，在购买现场等候名家写对联。这是店家每年的惯例。这些京城书法名家的字，可遇而不可求，只有除夕之夜，只有到这家店才能有幸购得。

朱元璋也挤了进去，站在一位年轻书法家身后，看他挥毫泼墨，为求字的人写对联。

这青年书法家，按求字者的要求写字。朱元璋看了会，忍不住说："也给我来副对联吧！"

青年书法家礼貌地说："老先生请赐联语，待晚生为你写来。"

朱元璋怕他认出自己，低头说道："你看着写吧，是贴在大门上的，由你拟定。"

这位青年书法家凝神深思，好久没落笔。这时，远处传来"咚"的一阵鼓响，青年书法家有感而发，奋笔疾书，"刷刷刷"一口气，将对联写成：

> 除夕夜无光，点万盏明灯，替江山增色
> 春雷还未发，击一通鼓响，为大地助威

这副对联，气势宏伟，震撼人心，这是为朱氏江山增光添彩，为朱皇帝的天下助威，他怎能不龙颜大喜呢？他忘了自己此刻的身份，卷起对联，对青年书法家耳语道："朕今日身无分文，明日你到宫里来，朕另有重赏！"

蒸食物的蒸器——曾

zéng 曾

甲骨文的"曾"字是个会意字,下面像蒸锅的屉。这个字读"tǐ",是放在蒸笼能抽进抽出装食物的笼屉。"曾"字上面像蒸气升腾之状。本义指"蒸熟食物的器具",即今日的蒸笼。

金文对"曾"字繁化,下面加了蒸锅的形状。小篆使其文字化,隶变后的楷书写作"曾"。读"zéng""曾"字的本义指"蒸熟食物的器具"。

蒸锅下面有烧水的锅,当中有笼屉,上面还有盖子,而且这种笼屉还不止一层,这样重叠累加有好几层,所以"曾"字又引申指重(chóng),表示重复,因此又用来指中间隔两代的亲属关系,这就是曾祖父、曾祖母、曾孙子、曾孙女等词。

"曾"字是个多音字,由本义"蒸器"假借指"从前和从前经历过",这时读作"céng",如曾经,曾几何时,未曾有过,不曾见过,曾经沧海。

"曾"字如今作偏旁,也可单用。凡用"曾"字取义的字,都与器具、重累叠加等义有关,如增、缯、层、憎、赠等字。

"曾"字读作"zēng"时作姓氏用。

甲骨文

金文

曾
小篆

曾
隶书

曾
楷书

真心实意说"曾"字

民国年间，南京夫子庙文德桥头的测字大师胡铁嘴，以字说事，说得人心服口服。这天，家住常府街的老邻居常二奶奶来测字。她一见胡铁嘴，便开门见山地说："大兄弟，我来为孙女测个字。我知道你菩萨心肠，不说坏话，但今儿我问的是婚姻大事，你得实话实说。"

胡铁嘴指指头顶说："老姐姐，对你说假话，天上打雷呢。不知你问的是哪家？"

老太太脱口而出："曾家小三曾明。今儿他家上门提亲了，你就给我测个'曾'字，看可有缘分？"

胡铁嘴一听是家住长乐路的曾家，过去常有来往，与常家门当户对。但他不露声色，提笔写了个"曾"字，缓缓说道："老姐姐您识字比我多。古时的'曾'字上面两噗，当中是个'田'字，底下是个'日'字。自古有句民谚说，'曾'字，'田头有鹿角，田尾有日灸'，这个字跟'善'字一样，是个吉祥字啊。"

老太太疑惑地问："有这么好么？"

胡铁嘴解释道："'曾'字上面两点可看作是鹿角。'鹿''禄'同音，此为官员俸禄。'曾'字中间为'田'，田是搬不动拿不走的，属固定财产。底下的'日'字比作太阳，指与日月同寿。如此说来，'曾'字福禄寿齐全，还有什么比这更好的婚姻呢？你常家是半条街，曾家是富一世，这就叫门当户对啊。"

常二奶奶听了喜上眉梢，又说："那就再测这小三儿的大名'明'字吧，看这两人能否白头偕老？"

胡铁嘴又提笔写了个"明"字说："老姐姐，'日''月'为'明'，'明'字是阴阳相济，日月同辉，男妇相配，白头偕老，这还有什么可说的呢？"

常二奶奶听罢，喜不自胜说："谢大兄弟吉言，成婚之日，邀你上座，一醉方休。"说罢，从荷包里掏出一把银元塞进胡铁嘴手里。胡铁嘴又使劲把银元原封不动地塞回她的荷包里，还腾出一只手，指指头顶说："说两句喜庆话，若是老姐姐收你一文钱，天上也要打雷的！"

一字一世界

用绳索捆扎

zhā
扎

粘 金文

扎 小篆

扎 隶书

扎 楷书

简写的"扎"字,笔画只有四画,但读音复杂,用处很多,得分开来讲。

先说简体字"扎",这是个左右结构的形声字,左边是提手旁,表明这个字与"手"有关;右边是"乚"字,这是"乙"字的变形,读"yà",表示读音。

"扎"的本义是指"刺"。尖尖的刺很容易扎手。针的尖头很细,用来扎针。刺绣也叫扎花。

扎,也转义为"钻"。游泳时一头钻进水里叫"扎猛子"。钻进人群叫"扎进人群中""扎根于群众之中"。

行军住下来叫"安营扎寨""驻扎""屯扎"。

以上的"扎"字读卷舌音"zhā"。

当表示勉强支撑,表示挣扎的"扎"时,读zhá。

"扎"字的繁体字又让我们领略到"扎"的另一层意思。

"扎"的繁体字为"紮",这是个上下结构的形声字,上面的"扎"表示读音;下面的"糸",表示这个字与绳索之类的东西有关;后来省去了下面的"糸",同音假借,简化为"扎"。

这个原先有"糸"的"扎",其本义指"用绳索捆绑",也就是"捆扎",如扎皮带,扎小辫儿,扎裤脚管儿。

这个"扎"还用作量词,如一扎啤酒,一扎干草。

这儿的"扎",应读作"zā"。

扬手赶孔子——扎

清朝顺治年间,京城有个叫罗森的人,靠着吹牛拍马当了官。

罗森为人刻薄,且贪得无厌,满脑子都是钱。当官几十年,他搜刮的钱财已是几辈子也花不完的了。

照理说,有这么多钱他也该满足了,可他偏偏不,岁数越大,心越贪,七八十岁了,整天还是钻在钱眼里。

他的子女看不过去了,纷纷劝他:"爹,您老人家年事已高,家里的金银财宝十辈子也用不完,以后就别再为钱财费神了。"

罗森一听,就像蛇被人踩到了尾巴一样跳起来,劈头盖脸把子女训斥了一顿:"你们懂个屁!金银多了不扎手,当然越多越好喽!"

这事传到了外面,有好事者就出了个字谜问人家:"扬手赶孔子是什么字?"

被问的人都猜不出,好事者大笑道:"扬手是提手旁'扌','孔'字赶走了'子',只剩下'乚',这当然是罗森老爷说的'金银不扎手'的'扎'字啰!"从此,这个"扬手赶孔子"的字谜便传开了。

一字一世界

花言巧语欺骗人——诈

古代的"诈"字,是个左右结构的形声字兼会意字,左边的"言"字旁是形符,表示跟言语、讲话有关;右边的"乍"字是声符,读"zhà",这两个字形组合在一起,指用"语言欺骗,使人上当"。

古人为什么用"乍"字作"诈"字的声符呢?因为"乍"字有"忽然、顷刻之间"的意思,而用花言巧语欺骗人也只能是暂时的现象,所以用"乍"字作"诈"字的声符并会意。

楷书的"诈"字是由小篆演变而来的,写作"詐",现简化为"诈"。

"诈"字的本义指"欺骗",如讹诈欺骗或骗取称"诈骗",蒙哄吓唬使说出真相称"诈唬",假借某种理由向人索取财物或权益称"讹诈",虚伪诡诈、狡猾、不讲信义称"奸诈",狡猾奸诈称"狡诈",用狡猾的手段骗人称"欺诈",依仗势力或用威胁的手段索取财物称"敲诈",阴险狡猾称"险诈"。兵不厌诈、尔虞我诈、敲诈勒索等成语中的"诈"都是指"欺骗"。

"诈"字由欺骗引申指"假装、作假",如假装死称"诈死",假哭称"诈泣",假投降称"诈降",骗人的话、假话称"诈语"。

"诈"字也指用假话试探,使对方吐露真情,如他拿话诈你,难道你听不出来?

狡猾的小滑头——诈

这天，无锡梁溪谜语研究会的朋友在会长马汉文家聚会。老马拿出宜兴茗岭龙池山名茶招待。众人喝了，觉得清香宜人，对此赞不绝口。小陶却叹息道："狡诈的老滑头，害我上了当！"

原来，前天小陶在南禅寺闲逛时，见一老者拎了几袋高级茶叶，逢人便说，是会议上发的，带着不方便，谁要就半卖半送。小陶见包装豪华，闻闻味道也香，便买了两袋，回家打开一看，全是陈年旧茶，气得当垃圾扔了。

老马批评他："苍蝇不叮无缝的蛋，你贪便宜嘛！老滑头用花言巧语骗你，这就叫'诈'。"

赵振南插话道："老马，这也不尽然。受骗也有被动的，我就被一个奸诈的小滑头欺骗过！"说罢，讲起一段小故事。

那是几十年前的困难时期，赵振南带着由朋友从香港带来的香皂到新开张的无锡浴室洗澡。浴池里热气腾腾。这时，一位满头浓密头发的小青年坐过来，热情地说："阿弟，要到上海白相吗？阿拉有汽车！"赵振南摇摇头。这人弯腰说："阿拉没带肥皂，借侬肥皂用用。"赵振南不好拒绝，只好点点头。这小伙子抓起肥皂，在头上使劲擦起来。冲洗干净，又擦一遍。临了，他大喊一声："阿三，香皂！"话音一落，四五个人围上来，你抢我夺，洗头擦身。在浓浓的水雾中，没一会儿，这群人和香皂都消失了……

马汉文听了，笑着说："如今看来，只能当笑话讲了，但也能看出，古人造'诈'字，用心良苦啊。'言'字旁，表示花言巧语，先跟你套近乎。右边的'乍'字最有讲究，据说小篆的'乍'字是会意字，由表示逃亡的'亡'字和阻止逃亡的'一'字组成。'乍'字的本义为'制止'，还有一义为'逃亡'。逃亡和阻止逃亡都是在仓促之间发生的事，所以'乍'字除了表示骗人的勾当是暂时的，也有突然、猝然的意思。就像小滑头向你借肥皂，突然而来，你来不及思考，一个个使劲擦完，又突然消失。他奸诈得逞了，你那可爱的香皂也消失了。"

祭祀前整洁身心——斋

zhāi
斋

金文

小篆

齋 隶书

斋 楷书

小篆的"斋"字最早写作"齋",这是个上下结构的形声字兼会意字,下面的"示"字作形符,指古人祭祀祖先的祭桌或祭台,表示跟祭祀祖先和神灵有关;"齋"字的上部是"齊"字,即今日的简化字"齐"字,读"qí",作声符并会意。

"示"字与"齐"字组合,指"古人在祭祀活动前整洁自己的身心,净化自己的心灵"。因是指祭祀,跟祭台有关,所以古人用"示"字作"齋"字的形符。

古人为什么用"齊"字作"齋"字的声符呢?

甲骨文的"齐"字是个象形字,字形像禾麦吐穗整齐一致的样子。金文在下面画了一横,表示地面。隶变后的楷书写作"齊",现简化为"齐"。

"齐"字的本义指"齐平、整齐"。后引申指"使其整齐、齐平",这就有了"治理""整治"的意思。而要整治好,必须先修其身,要整束好自己。人们在祭祀祖先神灵前,也必须整洁身心,这就和"齐"字所表示的"齐心""专一""一齐"有关,所以古人用"齐"字作"齋"字的声符并会意。隶变后的楷书写作"齋",后简化为"斋"。"斋"字的本义指"祭祀前整洁身心"。

旧时人们在祭祀前要先穿整洁的衣服,不喝酒,不吃鱼肉荤腥,以表示虔诚,这叫"斋戒"。由此引申指"素食或供品",如斋饭,斋果,斋月,吃斋;不吃荤腥称"持斋",吃素的人恢复吃荤称"开斋",给出家人食物称"施斋"。"斋"字还假借指书房或学舍及商店名称,如书斋,养心斋,荣宝斋。

宇宙奇观绘我"斋"壁

清朝乾隆年间，江苏太仓有位年轻举子名叫苏子成。一日他在灵隐寺游览，见一块白墙上无人题字，便向住持大和尚讨来笔墨，题诗一首，抒发心中报国无门、报君无望的情怀。题诗后，刚出大门，一小和尚追赶而来，说一贵人要见他。这贵人正是当今皇上乾隆爷。他六下江南，正巧看到墨迹未干的题诗，派人把他追回，与他畅谈。据说乾隆认为他确实有才，将他带回北京，钦点为翰林学士，后来步步高升，这年被派回江苏任主考官。

来到南京，苏子成到下江考棚视察。他避开随从，走入一小巷，见一低矮木房里露出一点亮光，一少年在灯下读书。少年邀他进屋闲坐。

苏子成见屋内别无它物，但墙上有副长联吸引了他。上联曰：

沧海日，赤城霞，峨眉雪，巫峡云，洞庭月，彭蠡烟，潇湘雨，扬子涛，庐山瀑布，合宇宙奇观绘我斋壁

这上联可把苏子城惊呆了。这低矮的半室，便是这少年的书斋啊。他要把沧海的日出，赤城的霞光，峨眉山的雪景，巫峡的云雾，洞庭湖的月色，鄱阳湖的烟云，潇湘的雨，扬子江的波涛，庐山的瀑布，这些宇宙奇观都画到墙壁上。下联更有气势和文彩：

少陵诗，摩诘画，丘明文，马迁史，薛涛笺，右军帖，南华经，相如赋，屈子离骚，搜古今绝艺置事轩窗

这下联讲他要把杜甫的诗，把唐代大诗人摩诘诗中的画境，把左丘明写的《左氏春秋》，把司马迁写的《史记》，把薛涛制作的写诗的笺纸，把书圣王羲之的字帖，把南华经书，把司马相如写的赋，把屈原作的《离骚》，凡是这些古今名著都放到他斋内的书架窗台上。

屋内灯光暗淡，但苏子成面对这副对联，感到它似乎熠熠（yì）生辉。他问这对联是何人所作，少年回答："此乃晚生拙作，请先生指正。"

苏子成无言以对，心中默念：山外有山，天外有天。江山代有才人出，各领风骚数百年，切莫小看了年轻人啊。

用手采下果实——摘

"摘"字是个左右结构的形声字兼会意字，左边的提手旁作形符，表示跟"手"有关。

"摘"字右边的"啇"字读（dì），作声符并会意。

"手"字与"啇"字组合，指用手采拣树上成熟的果实。

因是指用手采拣树上的果实，所以古人用提手旁的"手"字作"摘"字的形符。

古人为什么用"啇"字作"摘"字的声符呢？这要绕个弯子才能说得清。

古代的"啇"字本义指"高声"，隶变后的楷书分化出"商"和"啻"及"啼"三个字。"啇"与"啻"本为同一个字。"啻"字读"chì"，它是由"帝"字孳生的，而"帝"字又是"蒂"字的本字，是最早的"蒂"字。而"蒂"字是花或瓜果和枝茎的相连部分，瓜熟蒂落，瓜果成熟了，人们才采摘果实，所以古人就用"啇"字作"摘"字的声符。

楷书的字形是由小篆演变而来的，写作"摘"。

"摘"字的本义指"采取、摘下来"，如摘取也称"采摘"；拿下来、除掉称"摘除"。

"摘"字由本义引申指"选取"。如摘录后加以编辑称"摘编"，摘录要点称"摘要"，摘要记录称"摘记"，在文章或讲话中摘录或引用别人的话称"摘引"；指出缺点错误，加以批评称"指摘"；读书时只摘记一些漂亮词句，不做深入研究称"寻章摘句"，该词也指写作时套用前人的章法、语句，没有创造性。

"摘"字假借指"借"，在急用时临时向人借钱称"摘借"。

"摘"和"寻章摘句"

"摘"字也表示"选取"。成语"寻章摘句",出自《三国志·吴书·孙权传》,书中有一句"不效诸生寻章摘句而已"。

东汉末年,经过一番军阀混战,最终形成了魏、蜀、吴三国鼎立的局面。三国之间,有相互争斗,也有相互联合进攻第三方的情况。

刘备在汉中站稳脚跟后,派大将关羽攻打曹操占据的樊城。曹操为解樊城之围,就使了个一箭双雕的计策。他劝孙权乘此机会收复荆州。这样既可解樊城之围,又挑拨了东吴和蜀汉的关系。

关羽中计了。他在从樊城赶往荆州时,被孙权的军队俘虏,孙权怕留下后患,下令杀了关羽。

刘备对孙权杀害关羽耿耿于怀,他誓为关羽复仇。经过一番准备,他亲率大军进攻东吴。孙权一面集中兵力对付刘备,一面又担心魏国会乘虚而入,便派能说会道的赵咨到魏国去,向魏文帝曹丕称臣,表示自己的谦卑,让曹丕放心,东吴不会对魏国有二心。

此时,曹操已死,由儿子曹丕继位,这便是魏文帝。曹丕是个十分傲慢的人,他也明白赵咨此番来的用意。当他接见赵咨时,想先杀杀他的气势,便阴阳怪气地问赵咨:"你们吴王平时喜欢读书学习吗?"

赵咨一听魏王这口气,知道他来者不善,略一沉思,不亢不卑地回答道:"吴王天资过人,精通韬略。现在雄居东吴,日理万机,但只要有一丁点时间,他也是手不释卷,博览群书。吴王读书,领会其要义,不像那帮普通读书人,只会寻章摘句,学得一些只言片语。"

曹丕听了,轻轻"哦"了一声,似乎明白了,眼前的赵咨和远在东吴的吴王,都不是等闲之辈。

后人将赵咨在这段话中提到的"寻章摘句"作成语流传下来,比喻读书时只摘录漂亮词句,不作深入研究。现在多用来形容写作时套用别人的章法和词句,没有独创性和个人风格。

zhài
债

金文
小篆
债 隶书
债 楷书

欠别人的财物——债

"债"字是个左右结构的形声字兼会意字,左边的单人旁为形符,表示与人有关;右边的"责"为声符,读"zé"。

古代的"责"字是"债"字的本字,这是个上下结构的形声字,下面的"贝"字是形符,表示与金银财物有关;上面是个"朿"字,读"cí",作声符。秦代以后,为了区别于"责任"的"责"字,就另外造了个有单人旁的"债"字。

小篆的"债"字,上面部分为"朿",隶书将它简作"主",后来又将下面的"贝"字简化,于是成了今天的"债"。

"债"字的本义指"欠别人的财物",特别指欠别人的钱,如借债,欠债,还债,公债,债权,债券,债务,债户,债主,债台高筑。

古代的"债"字有索取的意思,如《百喻经·债半钱喻》:"往有商人,贷他半钱,欠不得偿,即便往债。"这儿的"债"字就是去讨还、索取的意思。

现在的"债"字,也不局限用于财物和金钱,还用于情感和友谊,如人情债。也用作比喻仇恨、冤仇,如血债。

宋·苏轼《三希堂法帖》

《草书韵会》

做人的责任——债

俗话说:"有借有还,再借不难",这是指借人家的钱财要及时偿还;还有句俗语:"冤有头,债有主。"指报冤要找作恶的,讨债要找欠债的,比喻出了事儿,要由当事人承担责任。

却说无锡南门青扬路出了件交通事故。这天清晨,王老伯在人行横道上过马路时,被一辆摩托车撞倒,顿时头破血流,骑车人也翻倒在地,他爬起来一看,见老人躺在地上没了声息,吓得扶起车子,跨上去就逃跑了。因为是清晨,没有目击者。

老人被送到医院,虽然讨了个活命,但已神志不清,成了个植物人。这户人家,从此陷入了痛苦之中。

警方通过缜密的侦查,终于锁定这起交通事故的肇事逃逸者是海鲜批发商胡某。

胡某被带往当地的派出所。刑警队长做了笔录,对胡某说:"看来你是个聪明人,可你聪明反被聪明误。路上有那么多监控,你逃得了吗?如若当时你能救护老人,他也不致于伤成这样,你也不致于犯交通逃逸罪。"胡某听了,唉声叹气,后悔不已。

刑警队长见他有认罪悔过之意,又劝解道:"事已至此,你只有振作精神,担负起你应尽的责任,求得老人家属的谅解。"

说到这儿,刑警队长言犹未尽,又补充道:"你知道冤有头、债有主的'债'字是怎么写的吗?这'债'字左边是单人旁,右边是个'责任'的'责'字,这就是说,做人要有做人的责任啊!你闯下了人命关天的大事,一逃了之,还能算人吗?"

这句话,振聋发聩,说得胡某连连点头,表示要尽到自己应尽的责任。

被水浸湿——沾

zhān
沾

小篆
沾
隶书
沾
楷书

"沾"字有个异体字写作"霑",但当时主要用的是"沾"。小篆的这个"沾"字是左右结构的形声字兼会意字,左边的"三点水"作形符,表示跟水有关;"沾"字右边的"占"字读"zhàn",作声符并会意。

"占"字与"水"字组合,指"被水所浸湿"。因是指被水浸湿,这跟水有关,所以古人用"水"字作"沾"字的形符。

古人为什么用"占"字作"沾"字的声符呢?

甲骨文的"占"字,上面是"卜"字,下面是"口"字,本义指"观察龟甲之兆,推断吉凶"。"占"字后来引申指"占卜",又引申指"口授"。因为用来占卜的龟甲上有兆纹,所以又引申指"占有、据有"的意思。水落到物体上有占有、据有的意思。物体被水占有必定会潮湿,所以古人用"占"字作"沾"字的声符并会意。

楷书的字形由小篆演变而来,写作"沾"。异体字作"霑",此字1955年被淘汰,规范字为"沾"。

物体被水浸湿,意味着物体中的水增多了,所以"沾"字的本义指"水增添"。后来此义被"添"字所取代,"沾"字引申指"浸湿、浸润",如泪沾衣襟。"浸湿、浸润"也称"沾润"。

"沾"字由本义引申指"因为接触而被东西附着上",如沾染,沾湿,沾手。由上义又引申指"稍微碰上或挨上",如沾边、沾唇,滴酒不沾。又引申指"因有关系而得到好处",如沾光,沾亲带故,利益均沾,沾沾自喜。

酒"沾"衫袖重

北宋年间有位大文学家、政治家欧阳修，宋仁宗时考中进士，晚年官至参知政事等要职，曾提出许多改革弊政的主张。

这年正逢欧阳修六十岁生日，亲朋故旧齐来祝贺。欧阳修道："今日老夫生日，不谈政事。若要谈，不如来个行酒令，要求取诗两句，其内容都要与各位刚才讲的触犯法律有关，按量刑标准，应是判处徒刑以上罪行方可。"苏轼道："恩师你先来，作个样儿我等模仿。"

欧阳修沉思一会，吟道：

> 月黑杀人夜
> 风高放火天

众人道："杀人放火都有了，该判死罪！"

下面轮到佛印和尚，他趁别人高谈阔论，已喝下十几杯酒，有点儿醉了，但这不妨碍他吟诗作酒令。他也不看场合，随口吟道：

> 持刀哄寡妇
> 下海劫人船

众人认为，这样的歹徒不判死罪，也该判重罪，因为哄寡妇不成，势必杀人啊。

佛印和尚吟罢，一手举酒杯，一手拉着身边苏轼的袖子，要他尽快接令，别磨磨蹭蹭地耗时间，却不小心将杯子里的酒沾湿了他的袖子。

苏轼指着被酒沾湿的衣袖，又指指佛印头上歪戴的僧帽，吟道：

> 酒沾衫袖重
> 花压帽沿偏

佛印一听，叫了起来："你这说的是喝酒过度的醉态，跟犯罪有何关系？罚酒！罚酒！"

苏轼从容应道："大和尚，醉成这样的人，失去理智，持刀杀寡妇，拦路抢行人，什么事儿都干得出啊。"众人听了，都哈哈大笑。

向前或向上看——瞻

zhàn
瞻

瞻 金文
瞻 小篆
瞻 隶书
瞻 楷书

"瞻"字是个左右结构的形声字兼会意字，左边的"目"字是形符，表示跟眼睛有关；右边的"詹"字读"zhān"，作声符并会意。

"詹"字与"目"字组合，表示"向前看或向上看"。

因是向前看或向上看，所以古人用"目"字作"瞻"字的形符。

古人为什么用"詹"字作"瞻"字的声符呢？

小篆的"詹"字是个左上包围结构的形声字兼会意字，左上方的字形表示"高"的意思，右下方的"言"字表示说话，这两个字形组合在一起，表示说话啰唆到了极点。隶变后的楷书写作"詹"。

因"詹"有"说话啰唆至极"之义，也就有"多言"之义，而多言话就长，因"瞻"是指向前看或向上看，也有时间长的意思，所以古人用"詹"字作"瞻"字的声符并会意。

楷书的字形由小篆演变而来，写作"瞻"。

"瞻"字的本义指"向前看或向上看"，如向前看又向后看，思前想后称"瞻顾"，也表示照应，看顾；恭敬地看称"瞻仰"，如瞻仰遗容；瞻望并思考称"瞻念"，如瞻念前途；"马首是瞻"，原指作战时观看主将的马头决定行动方向，后比喻跟着领头人行动；看看前面、又看看后面称"瞻前顾后"；站在高处能看得远，称"高瞻远瞩（zhǔ）"。

苏子"瞻"被贬儋州

北宋时期有位大文学家、诗人、政治家、思想家苏轼,少年时代博通经史,长于写文章。后考中进士,被朝廷任命为翰林学士、侍读、龙图阁学士等官。因卷入朝中新党与旧党之争,他曾被捕入狱,后又重新任职。但朝中权力更替,他又再次被贬,从惠州一直贬到偏僻的儋州,即今日的海南岛。后因大赦而北归,途中客死在常州。

苏轼为什么会被贬到儋州呢?说来跟他的名字有关。

苏轼姓苏名轼,号东坡。那"东坡"是他四十多岁时被贬到湖北黄州时取的。他在黄州一山脚下垦荒种地,在山坡上盖了座房子,题名为"东坡雪堂",所以人们大都称他"苏东坡"。他还有个字叫"子瞻",又字"和仲"。

当时掌权的宰相名叫章惇(dūn),此人心狠手辣,是个阴险狡诈又心狠手辣的家伙。他与苏东坡曾是同僚又是好友,但当章惇当政时,他贬逐忠良,将政敌一个个驱逐到边远地区。他虽是文人出身,但干起陷害同事和朋友的勾当,手段却尤其毒辣。他不仅让你生活上受苦受难,而且在精神上加以摧残。他把政敌们的生存与生命当作儿戏,玩弄于股掌之间。他之所以把苏东坡贬到南方最远的海岛儋州去。就是因为"瞻"字与"儋"字字形相似。

章惇将苏东坡的门生黄鲁直贬去宜州,因为"直"与"宜"两字相近。正因为章惇滥施权力,故意对被贬的人加以戏弄,当时许多官员就私下议论"东坡被贬'儋州',有立人旁。既然有'人',还有北归的希望。只是黄鲁直被贬到宜州,'宜'字是'直'盖棺,恐怕他再难回朝了"。后来果如所测。

具讽刺意味的是,章惇后来也获罪被贬雷州,死于途中。

一字一世界

zhǎn
斩

斬 金文
斬 小篆
斬 隶书
斩 楷书

车裂刀砍为斩

　　小篆的"斩"字，是个左右结构的会意字，左边是"车"字，右边是"斤"字。为什么"车"字加"斤"字为"斩"呢？

　　有人认为，"斩"字的本义为"伐木"。因为"斩木为车"，就是砍木头制作车子，所以"斩"字的本义为"砍木头"，但也有人认为"斩"是"杀"的意思。

　　要弄懂这个道理，首先必须弄明白"车"与"斤"的含义。

　　我们也许只知道，"车"是装物品和乘人的交通工具。其实，在古代，"车"是一种杀人的刑罚，叫"车裂"，就是将人四肢分开，再加上头部，然后用五辆马车把人分拉撕裂致死，也叫"五马分尸"。而"斤"表示刀斧，也表示杀人。所以在废除过于残酷的"车裂"杀人方法之后，改用刀砍头或拦腰砍断，这就叫"斩"。

　　这样一分析，"斩"字的本义应该是"杀"，如斩首，斩决，腰斩，先斩后奏。

　　"斩"字既有"杀"的意思，又有"砍断"的意思，如披荆斩棘，斩钉截铁，斩断魔爪。

唐·孙过庭《草书千字文》

元·赵子昂《行书千字文》

车斤相谢——斩

明末清初，江苏吴江有位文学批评家，名叫金圣叹，这人颇有文才，但考试却一次也没考中，一生没做过官。他因参与"抗粮哭庙案"，为当时朝廷所杀。

金圣叹曾评点过《离骚》《庄子》《史记》等古书，最突出的是点评《水浒传》，他将一百二十回本的《水浒传》中第七十一回以后的内容全部删去，称为"腰斩《水浒传》"。他对该书的人物性格、语言运用、情节安排，都作了许多启发性的分析，对当时和后世的小说创作和批评欣赏，有促进作用。

这里要讲的是金圣叹点评《三国演义》的故事。书中有一段关羽千里送皇嫂的情节。关羽一行途经曹操地盘时，曹操存心挑拨关羽和刘备的关系，他让关羽和刘备的夫人共处一室，关羽却在门外手捧《春秋》，读到天明。

对这段描写，金圣叹在旁边批了一句："谁人看见？"这话明显有怀疑的意味。

金圣叹写完这句话，便放下书睡觉了。当天夜里，他梦见关羽前来求他："请先生笔下留情。"

金圣叹问道："以何相谢？"

关羽道："秋后车斤相谢。"

第二天醒来，金圣叹回想梦境，以为关羽在秋后会以一车金子来谢他，便把那句话删了。

当年秋后，金圣叹被斩。原来，"车斤"不是一车金子，而是"车""斤"的"斩"字啊。

一字一世界

穿衣时伸展肢体

zhǎn 展

展 甲骨文

展 小篆

展 隶书

展 楷书

"展"字是个左上包围结构的形声字兼会意字，左上方的"尸"字指代替死者接受祭祀的人，在这儿指"人"，作形符，表示跟人有关；"展"字右下方的"衺"字读"zhàn"，是"襄"字简省的写法，作声符并会意。

"襄"字和"尸"字组合，指人穿衣时伸展肢体。因指的是人穿衣裳，这跟"人"有关，所以古人用表示"人"的"尸"字作形符。

古人为什么用"襄"字作"展"字的声符呢?

小篆的"襄"字表示展开衣服之义。古人拜揖时，要先将衣裳提起，铺展在面前，以免跪拜时因踩压而跌倒，所以"襄"字指古代贵族妇女展拜时穿的红色衣服。这个字作偏旁时写作"衺"，本义为"展开衣服"，这与"展"字的意思相吻合，所以古人用"衺"字作"展"字的声符并会意。

楷书的字形由小篆演变而来，写作"展"。

"展"字的本义指"伸展"。因人穿衣时手脚要张开放开，要延伸或扩展，这就是"伸展"。张开、铺开、伸展开来称"展开"，使展开并发展称"开展"，展开并向四处延伸称"铺展"、飘动、摇动称"招展"，不卷缩、不皱、安适、舒适称"舒展"。还有发展、展望、展翅、花枝招展、愁眉不展等词语。"展"字由上义引申指"放宽、推迟"，如推迟延缓和放宽称"展缓"，向外延伸扩大称"扩展"。"展"字还引申指"施展"，如发挥、运用称"施展"，放宽限制称"展限"。由上义又引申指"陈列"，如展示、展现、展览、展品、展期、展品、预展、画展等词语。

"展"和"招展"

三国时期，刘备为夺取汉中，必须先占领南郑作基地，而去往南郑又必经定军山。定军山已被曹操的大将夏侯渊把守，诸葛亮令老将黄忠和高级参谋法正去夺取定军山。

夏侯渊遵照曹操的嘱咐，凭山势险要，以守为攻，决不下山迎战。若蜀军强攻，曹军据高临下，利用山上的滚石及圆木砸将下来，蜀军休想上前一步。黄忠派兵阵前叫骂，一再挑战，夏侯渊坚守不出，黄忠毫无办法。

参谋法正到阵前察看地形，见定军山西侧有座山，高于定军山，因是侧面，只有数百曹军驻守，若攻下此山，定军山就在此山之下。可命黄忠驻守半山腰，法正带少量兵力守在山顶，观察曹军动向。若夏侯渊出兵下山，法正在山头看得仔细，就挥舞白旗，黄忠则按兵不动；待到夏侯渊士兵倦怠无备时，法正挥舞红旗，黄忠则带兵下山，以逸待劳，一举打败曹军。

两人商量停当，当夜悄悄派兵摸上山，发动突然袭击，将数百曹军打败，蜀军大部队驻守半山腰，法正带人躲在山顶观察敌情。

夏侯渊见左侧山头失守，怒不可遏，发誓要夺回此山。虽有将领劝他冷静坚守，切勿轻举妄动，但夏侯渊认为左侧山头虽不是交通要道，但留下后患，对扼守定军山不利，所以他坚决要夺回阵地。

夏侯渊披挂上阵，率兵下山后，围住左侧山脚，辱骂黄忠，极力挑战。山头法正挥舞白旗，黄忠见了，按兵不动，任凭夏侯渊辱骂，坚决不出兵。

中午过后，蜀军吃得饱饱的，在树林或山洞里休息，以逸待劳。《三国演义》中写到这儿，叙述道："法正见曹兵倦怠，锐气已堕，多下马坐息，乃将红旗招展。"这段话的意思是，法正见曹军人困马乏，已无锐气，大多下马休息，这时法正挥舞红旗。

黄忠见法正挥舞红旗，跃身上马，杀向曹军。曹军匆忙应战，夏侯渊被黄忠斩于马下，曹军四散而逃。"招展"一词便由此而来，后人以此表示摇动、飘动，常用的词有"花枝招展""军旗招展"等。

养牲口的竹木棚——栈

栈 金文
栈 小篆
栈 隶书
栈 楷书

"栈"字是个左右结构的形声字兼会意字，左边的"木"字作形符，表示跟树木或木料有关；"栈"字右边的"戋"字读"jiān"，作声符并会意。

"木"字和"戋"字相组合，指养牲口的竹木棚或栅栏。因是指竹棚或木棚、木栅栏，都跟木有关，所以古人用"木"字作栈字的形符。

古人为什么用"戋"字作"栈"字的声符呢？

甲骨文的"戋"字是个会意字，由两个"戈"字组成，表示互相残杀之义，这是"残"字的本字，是最早的"残"字，本义为"残杀"。"戋"字由本义引申指"伤害""杀害""残缺"及"不完整"之义。小篆的字形承接甲骨文，隶变后的楷书写作"戔"，如今简化作"戋"。

因"戋"含有伤害、不完整之义，而用竹木搭建棚子或栅栏，必定要将树木或竹子砍伐剪裁，这跟砍杀伤残是一个道理，所以古人用"戋"字作"栈"字的声符并会意。

楷书的字形由小篆演变而来，写作"棧"，现简化为"栈"。

"栈"字的本义指"养牲口的竹木棚子或栅栏"，如马栈，羊栈。"栈"字由本义引申指"堆存货物或供旅客住宿的地方"，如客栈，粮栈，栈房，货栈，堆栈。"栈"字又引申指"在悬崖绝壁上用木板铺成的窄路"，这就是"栈道"。由上义引申指"车站码头及厂矿的一种供装卸货物或供旅客行走的建筑物"，这叫"栈桥"。

"栈"和"恋栈"

三国时期，魏国渐渐衰败。曹芳继位，因年龄小，由大将军曹爽和大臣司马懿（yì）共同掌权，辅佐曹芳。

曹爽仗着自己是曹家人，是小皇帝的宗室，想排挤司马懿。在幕僚策划下，他说动皇太后加封司马懿为太傅，实际是夺了他的权，让他成了个有名无实的空架子。

司马懿是位谋略家，他心知肚明，佯装不知，任由他去。后来索性装病，不问朝政，连两个儿子也辞了官职，显得他与世无争，安享晚年。

这年春日，曹爽带着幼主出城狩猎。曹氏兄弟及心腹们都跟着去了。车马滚滚，黄旗飘飘，人欢马叫，场面宏大。

司马懿利用这一机会，立即派兵关闭四个城门，断了曹爽的退路。他又立即上书皇太后，指责曹爽专权，挟持幼主，有夺位之嫌，要求削掉曹氏兄弟兵权。

有个名叫桓范的大臣，与曹爽有私交，常为他出谋划策。此人能审时度势，极有判断力。他见形势危急，假称有太后诏令，飞马冲出城去，向曹爽报告。

司马懿得知桓范出城，大为吃惊。他对部下说："桓范去了，如何是好？"有位名叫蒋济的幕僚听了，笑道："驽（nú）马恋栈豆，爽必不能用也！"这话意思是：劣等的马只会惦记那马棚里剩下的豆料，曹爽不会听从桓范建议的。

果如蒋济所说，曹爽没有听从桓范建议，带着幼主到许都，然后号召各路兵马攻打司马懿，夺回政权。曹爽目光短浅，他留恋自己的享乐生活，决定回城交出兵权，回去做个富翁，了此一生。

结果可想而知，曹爽家族及桓范等人都被司马懿处死，朝政大权由司马家族控制。

后人将蒋济说的"驽马恋栈豆"这句话浓缩为"恋栈"一词，"恋"指留恋，"栈"指马棚。"恋栈"为舍不得马棚地下的几粒豆子，以此比喻为官者舍不得离开自己的职位。

带着武器参加战斗

zhàn
战

单 甲骨文

戰 金文

戰 小篆

戰 隶书

战 楷书

在古代,"战"字是个会意字,由"戈"字和"兽"字组成。"戈"表示武器,"兽",指野兽,"兽"和"戈"组合,表示人与野兽搏斗,再引申指"与人搏斗",进而引申指"打仗"。

到了小篆中,"兽"字误写为"单"字,这下成了形声字"战",左边的"单"作声符,读"dān",后简化为"单";右边的"戈"是形符,表示武器。

也有人认为,古代的"战"字是个形声字兼会意字,在古代,"单"是个象形字,其字形像一把捕鸟的拍子,上边是网,下边是手柄,在这儿表示捕鸟的工具。战争是一场厮杀,如同捕捉鸟兔,所以"战"用"单"作声符兼表意。

楷书的字体由小篆变化而来,写作"戰",后来简化为"战",这也是个形声字,右边的"戈"为形符,左边的"占"读"zhàn",作声符。"战"的本义指"打仗",即战争,如战斗、战场、战功、战区、战壕、战线、战死、战士、宣战、停战、持久战。

"战"字由本义假借指"比强弱,讲胜负",如观战、舌战、挑战、应战、战胜、战败。

"战"又假借指"发抖,打哆嗦",如战抖、战栗、打战、寒战、心惊胆战、战战兢兢。

"战",也作姓氏用。

比武招亲——战

少林寺的武术名扬天下，离少林寺几十里地的登封古镇赵各庄，更是武术之乡。这儿的男女老幼从小习武，拳脚上的功夫，甚是了得。

却说乾隆年间，赵各庄有位庄主，名叫赵长青，他擅使长枪，人称单枪赵长青，功夫堪比当年五虎上将赵子龙。

赵长青膝下有一女儿名叫赵双剑，这赵双剑因手舞双剑而得名。因她武艺超群，没一户人家敢上门求亲，如今年已十八，尚待字闺中。赵长青心中焦急，只好按老办法，通告各乡，比武招亲。赵长青要招个文武双全的女婿，于是，在比武台上写了个上联，要参加比武的人答出下联，方能上台。这上联是"合手擒拿"。

比武招亲这天，赵各庄村中央的广场人山人海。赵双剑上场，先打了一套赵家拳，又打少林拳、咏春拳，赢得台下一片喝彩声。接着，赵双剑舞动两把雌雄剑，只见寒光闪闪，"刷刷"生风，台下又是欢声雷动。

正当众人为赵双剑喝彩时，有一个小伙子手持一杆长枪，枪尖在地上轻轻一点，人便腾空而起，飞到擂台上。此人是从山东赶来，拜单枪赵长青为师的，没想今儿就遇上比武招亲，他想上台一试。

按规矩，这小伙子得先对出下联，方能比武。赵长青当面考问他："这'合手擒拿'，你以何相对？"

这山东小伙，可真是个文武全才。他不假思索，举起手中的长枪扬了扬说："单戈独战！"

赵长青一听，连夸："对得好！比武开始！"

这比武结果如何，不得而知，但这副对联却是绝妙的，值得诸君细细品味。不过，各位须得注意，下联中的"单"字应视作繁体字"單"，"战"字应视作繁体字"戰"，否则品不出味儿来，反而以为在下糊弄人呢。

加弦于弓——张

zhāng
张

金文
小篆
張 隶书
张 楷书

　　"张"字是个左右结构的形声字兼会意字，左边是"弓"，表明这个字与拉"弓"射箭的"弓"有关；右边的"长"是读音。

　　拉过弓的人都知道，要使弓坚强有力，把箭射得更远，就必须把弦拉得更紧。弓越满，积蓄的力越强，箭射得就越远。这就是"挽弓当挽强"。

　　古人用"长"作声符，是因为"长"有拉长、生长、长大的意思，所以用"长"作声符并会意。

　　"张"的本义就是"加弦于弓"，这就是张弓。

　　张弓，引申为"张着"，如张开，张牙舞爪，张口结舌，纲举目张。

　　"张"，就是扩大、夸大，如扩张，夸张，虚张声势。

　　"张"，有陈设铺排的意思，如张灯结彩，铺张，大张筵席。

　　"张"，有看和望的意思，如东张西望。

　　商店开业称为开张、新张。

　　"张"也作量词用，如一张嘴，两张桌子，五张牛皮，六张纸。

　　"张"，是一个姓氏，姓张的人特别多，据说是中国第二大姓。

东晋·王羲之

弓长射杀人——张

中国历史上有个南北朝时期，在南朝有个皇帝叫宋明帝。这宋明帝年老多病，为了让年幼的太子接班，他在病死前，便做了不少准备工作，可他还是放不下心，因为兖州刺史张景云屡建奇功，手里又握有兵权，一旦他不甘侍奉幼主，后果将不堪设想。

就在宋明帝长嘘短叹的时候，一个小太监猜出了皇上的心思，便对他说："有个办法能让张景云自解兵权。"宋明帝听了他的一番话，立刻召见张景云火速进京。

张景云奉诏后，马不停蹄赶到建康，这才得知皇上病重，便忙递本请安。谁知等候了一天，始终没接到召他进宫的圣旨。就在他返回馆舍的路上，他不断听见一群群儿童边做游戏边唱："弓长射杀人，世人多小心。"

张景云听着听着，惊出了一身冷汗：这弓长相合不正是我姓的"张"字吗！而那"射杀人"分明是在暗示我兵权在握，看来我已引起皇上的猜忌了，怪不得命我火速来京，却又迟迟不让叩见。

想到这儿，张景云飞奔着赶回馆舍，写了一道请求解除职权、留在建康侍候皇上的表章，连夜递送宫门。第二天，他便接到了准许他自解职务的诏书。

就这样，小太监仅凭两句童谣，就代宋明帝化解了心头之患。

zhāng
章

金文
小篆
隶书
楷书

十音为一 章

　　小篆的"章"字是两部分构成的,这是个上下结构的会意字,上半部是个"音"字,下半部是个"十"字,"音"与"十"结合在一起,表示什么意思?

　　"音",表示音乐,可以理解为弹奏的乐曲,也可理解为唱歌一曲。而"十",它所表示的不是具体数目,而是终结,结束的意思,古人认为,"一"为万物之始,"十"为万物之终。由"音"和"十"结合在一起,所表达的意思是乐曲演奏完一遍就是一章,也就是十音为一章,所以把一段完整的乐曲称为"乐章"。

　　在古代,"章"字曾作表彰用。

　　"章"字也作为标记用,如证章、徽章、纪念章。

　　成篇的文字称为文章。表示诗歌或文章的段落,称为章节、章句、篇章。

　　条文法规称为章程、简章、规章制度、约法三章。

　　"章"也用来表示条理,如条乱无章。

　　"章"也表示印,如图章、公章、盖章。

　　"章",作为姓用,姓章的人自称姓"立早章",其实,应该说"十音章"。

唐·欧阳通《道因法师碑》

唐·孙过庭《草书千字文唐》

童字无根——章

清朝末年，武昌有一位姓李的测字先生，知识渊博，能说会道，测字占卜很是灵验。每天来请他测字的人络绎不绝。

一天，一个姓陈的人来求他测字，他说妻子快要临产了，不知是男孩还是女孩，所以特地写了个"章"字来测问。

这位姓李的测字先生看了看字，说道："你一定会有个男孩，可惜的是，这个男孩长不大。"

陈某非常惊奇，问道理何在？测字先生叹了口气，说："'童'字无根呀！"

这句话的意思是说："章"字虽有"童"字头，却无"童"字的根，也就是没有"童"字下面那"土"字，所以才说这个男孩长不大。

这位测字先生说了句模棱两可的话，既满足了陈某想得个男孩的愿望，又依据字形说了句不吉利的话：这孩子长不大。到几岁才算长不大？这就难说了。

错综驳杂的花纹——彰

zhāng
彰

"彰"字是个左右结构的形声字兼会意字，右边的"彡"字读"shān"，这三撇作形符，跟花纹装饰有关。

左边的"章"字读"zhāng"，作声符并会意。

"章"字跟"彡"字组合，指错综驳杂的花纹。

因"彡"字在甲骨文中，表示击鼓时发出的响声，这是个象征性的符号。后来引申扩大，成为毛发、雕刻、彩饰及画纹、飘带、垂下的穗"suì"子、声响、光影、气味等各种各样条状细软、晃动之物的象征符号，也有花纹之义，所以古人用"彡"字作"彰"字的形符。

古人为什么用"章"字作"彰"字的声符呢？

古代的"章"字本义指"在玉上雕治花纹"，后来引申指"花纹"，又引申指"乐曲"。"十音为一章"，即十段为一个乐章，而非人们所说的"立早章"。音乐与绘画都属文彩之事，所以古人用"章"字作"彰"字的声符。

小篆的"彰"字由金文演变而来。楷书的"彰"字由小篆演变而来，写作"彰"。

"彰"字的本义指"错综驳杂的花纹"。

"彰"字由本义引申指"明显、醒目、显著"，如非常明显，容易看清称"彰明较著"；明显地表示，明白地显示称"彰示"；明显、显著称"彰显"。还有欲盖弥彰、相得益彰、罪恶昭彰、众目昭彰等词语。

"彰"字假借指"表扬"，如表彰。表扬好的，憎恨坏的称"彰善瘅（dàn）恶"。

彰 金文
彰 小篆
彰 隶书
彰 楷书

袁世凯和"彰"德府

窃国大盗袁世凯，在1908年前，权倾朝野，不可一世。那时，他在明中任军机大臣兼外务部尚书，这一年他五十岁。年底，光绪皇帝和慈禧太后相继去世，接掌国政的摄政王载沣立即罢了袁世凯的官，借他当时腿脚有病，令他回老家休养。

袁世凯只好带着他家人，回河南安阳彰德府洹上村养寿园居住。这座花园占地两百多亩，园内花草树木、亭台楼阁、水榭长廊应有尽有，还引来洹河之水，使园林小溪长流、山林俊美，被称为北国名园。

要让袁世凯告别呆了二十六年之久的官场，隐居在远离京城的彰德，他岂能心甘？他是忍气吞声蛰居在这儿，窥测方向，以求东山再起。

讲这段历史，为的是引出下面的一个测字故事。说到测字故事，读者朋友无不赞叹那些测字大师学识渊博、料事如神，都有神奇的本领。说穿了，大多数测字故事，都是后人根据事实加以附会、猜测和艺术加工而成的。

就拿袁世凯下野，暂住河南彰德洹上村来说吧，有些吹捧袁世凯的人，就在"彰"字上大做文章。

有位测字名家说，"彰"字拆开，左边为"章"，右边为"彡"。"章"字俗称"立早'章'"，是"立"和"早"二字组成，但准确地说应是"十音'章'"，古时"十音"为"一章"。

这位测字名家又巧妙地将"彰"字作了拆解，说"章"字"去日为辛"，也就是说"章"字去掉当中的"日"字便是"辛"字。而右边的三撇形似"彡"字，上面加个帽子便是"亥"字了，这样转弯抹角地一翻拆解成了"辛亥"二字，于是就跟"辛亥"年挂勾了。提到"辛亥"年，人们自然会联想到辛亥革命，于是，这位测字大师就将"章"字去"日"为"辛"解释为"改朝换代"，将"彡"字加帽为"亥"为解释加冕华盖，这就有暗指袁世凯就任大总统和后来称帝了。

如此层层拆解，步步为营，与结局非常吻合，让人啧啧称奇，叹为观止。但人们忘了追问一句：这个测字故事，是在事前讲的，还是事后编的？这就很难考证了。

枝叶繁茂有香气的樟树

zhāng
樟

小篆的"樟"字是个左右结构的形声字兼会意字，左边的"木"字是形符，表示跟树木木料有关，"樟"字右边的"章"字读"zhāng"，作声符并会意。

"木"字与"章"字组合，指常绿乔木樟树，因指的是樟树，所以用"木"字作"樟"字的形符。

古人为什么用"章"字作"樟"字的声符呢？

金文的"章"字是个会意字，上面是"辛"字，下面是玉璧，表示雕琢"zhuó"玉器上的花纹之意，本义为"雕治玉器花纹"，后引申指"华美、有文采"。而樟树枝繁叶茂，且有香气散发，令人喜爱。所以古人用"章"字作"樟"字的声符并会意。

楷书的字形由小篆演变而来，写作"樟"。

"樟"字的本义指"樟树"。

"樟树"是常绿乔木，高可达三十米，叶子椭"tuǒ"圆形或卵形，花白色略带绿色，浆果暗紫色。全株有香气，可以防虫蛀，木材致密，适于制家具和手工艺品，树枝可以提制樟脑，也叫香樟，日常用来防虫蛀，也用来制炸药、香料等，医药上用作强心药。

用樟脑制成的丸状物，用来防腐或防虫蛀，这就是每家必备的"樟脑丸"。

樟 小篆

樟 隶书

樟 楷书

急找"樟"木箱

　　樟树是常绿乔木植物，用樟树木头做成的箱子，有股奇异的味儿。这种味儿能驱赶虫子，保持衣服不被虫咬，而且味道清香，对人体无害，因此樟木箱成了家庭宝贵的家具。

　　民国年间，有一个春末的午后，太阳暖烘烘的，烤得人发困。在夫子庙文德桥头摆测字摊的胡铁嘴，躺在椅子上呼呼地睡得正香，被急得满头大汗的章大妈摇醒了。她说见今儿阳光充足，将家里樟木箱连同几件衣裳放在门口晒，家里人在楼上午睡，但刚刚下楼一看，樟木箱连同衣裳全被人偷走了。这伙贼胆子真大呀。

　　章大妈要胡大爷测个字，看这箱子该往哪儿找。

　　胡铁嘴打着哈欠说："多大事呀，把我好觉闹醒了。"说罢，递过字袋："摸个字，让我测测看！"

　　章大妈说："摸什么字呀，你就测个樟木箱的'樟'字吧，这个字我认识。"

　　胡铁嘴提笔写了个"樟"字说："章大妈，你可看准啊，这'樟'字左为'木'，右为'章'，说的就是樟木箱，看来你不可能找到了。"

　　章大妈皱着眉头问："咋就不能找到呢？"

　　胡铁嘴忍住笑，回答道："这'樟'字由'早''立''木'三字组成，你知道这是什么意思吗？"

　　章大妈听了，摇摇头："胡大爷，我真的不知道。"

　　胡铁嘴一字一句道："这就是你要趁早找根木头再打个箱子！"

　　章大妈见胡大爷一脸笑意，知道上当了，转身回家，到别处找她心爱的樟木箱了。

zhǎng

长

𠂉
甲骨文

𠂉
金文

镸
小篆

長
隶书

长
楷书

手持拐杖的长辈

"长"字是个象形字。

从甲骨文看,这是个侧着身子站着的老人:上边是长长的头发,下面手扶拐杖,一副年老体弱的形状,后来逐渐简化成"长"。所以"长"字的本义指"年长老人",如长辈、师长、学长,又引申为"首领、领导人、负责人"。如首长、局长、校长等。

古人认为,身体毛发是父母所给,不能丢弃,大多数人一生不剪发,所以头发和胡子都很长。

由此,"长"字的读音又变为"cháng",意思引申为"距离大小",就成了长短之"长"。

由头发的不断生长,变长(cháng),又引申为"生长、成长"等词,还引申出"增进、增加、进步"等意思,如长进、长身体、长力气、长见识等。

东晋 王羲之 澄清堂帖

唐 颜真卿

宋 苏轼 三希堂法帖

校长谈"长"字

江苏无锡有所中学,校长姓王。这王校长是教语文出身的。被提拔当了校长后,他自吹自擂,工作不踏实,没到两年就被免职,又回去当语文教师。

这天上课,昔日的王校长,今日的王老师对同学们说:"我原先是当校长的,大家知道,繁写的'长'字是这样写的。"说着,他在黑板上写了个繁体字"長"。

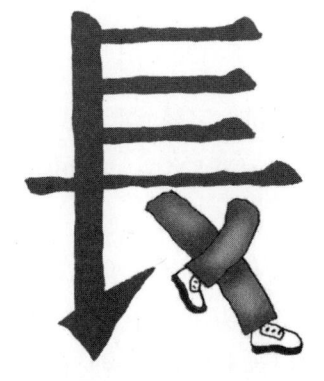

这王老师不仅讲课生动有趣,而且板书又漂亮,同学们盯着黑板上的"長"字,不知王老师会说出什么精彩的话来。

王老师指着"長"字又接着说:"这长字下面的一撇和一捺,好比小腿翘在大腿上,像当官的样子。不过,简写的'长'字不许小腿翘在大腿上。"说到这儿,他又在黑板上写了个简体字"长"字,接着说:"原先小腿翘在大腿上,那是官架子。我就是因为拿官架子,所以校长没当好,现在又回来当教员。"说罢,他在黑板上又写了个"员"字,又接着说:"这个员字下面的一撇一点,好比两只脚,一左一右,规规矩矩地站着,就像我现在这个样子。"说完他做了个双脚并拢的立正姿势。

他这番生动的讲解,引得全班同学哈哈大笑。在笑声中,大家掌握了"长"字繁体与简体的不同,再也不会在"长"字上加一小撇了。也不会再把"员"字写成"呙"(guō)字了。

在大笑声中,王老师也很开心,仿佛找到了自我。

水面升高——涨

zhǎng
涨

小篆
漲
隶书
涨
楷书

"涨"字是个左右结构的形声字兼会意字。左边的"三点水"作形符，表示跟水有关。右边的"张"字读"zhāng"，作声符并会意。

"张"字与"水"字组合，指"水面升高"。因是指水面在升高，这与水多有关，所以古人用"水"字作"涨"字的形符。

古人为什么用"张"字作"涨"字的声符呢？

"张"，从字形上看，有拉弓弦至满的意思。水面升高，水多得溢满的样子，以至漫溢出来，也有满的意思。从字义上说，"张"有扩张、张扬、张大、扩大之义，凡此，都能显示出水满后水面上升的形状，所以古人用"张"字作"涨"字的声符并会意。

"涨"字的本义指"水位升高"，如潮水升高称"涨潮"。水位上升称"上涨"，也称"升涨"。"水涨船高"指水位上涨，船身也跟着浮高，比喻基础提高了，凭借它的有关事物也跟着提高。

"涨"字由本义引申指"价格提高"，如涨价、涨跌、涨幅、暴涨、疯涨、高涨、猛涨等词。

"涨"字是个多音字，读作"zhàng"时，由本义引申指"体积扩大"，如笋子发涨了，豆子泡涨了。

"涨"字由本义引申指"头部充血"，如他气得涨红了脸。

"涨"字由"体积扩大"又引申指"多出、超出"，如钱花涨了。

王心已偏，不能挽回——涨

乾隆年间，扬州的盐业达到了最为鼎盛的时期，出现了许多富可敌国的大盐商。这些盐商，主要靠扬州濒临东海两淮地区，这些地区一直是我国食盐的重要产地。这些盐商与官府勾结，垄断了整个两淮地区的盐业。他们左右盐价，从中获利，一个个家财万贵，过着穷奢极欲的生活。朝廷有两个负责盐运的官员被盐商拖下水，被人告发，引起康熙的震怒。他下令将几个为首的盐商抓了起来，押到北京，关进大牢，等待发落。这些富商的家人，四处活动，花大把的金银找人疏通。其中有位名叫张九万的盐商，家人雇了条快船，装了金条进京行贿。据说已买通一位王爷，经一番活动，可能免于一死，放其回家。富商的儿子不放心，找正在扬州开馆测字的程省，请他测个字，问问凶吉如何。

程省让九万的儿子写个字。张九万儿子眼中含泪，头上冒汗，提笔颤抖地写了个"張"字，觉得不妥，又在旁边加了三点水，说："家父最喜欢看钱塘涨潮，自号'涨潮翁'，就请先生测个'涨'字吧。"

程省指着这个写得很不均称的"涨"字说："此字你分两次写，又是次序倒过来写的。你一落笔，写的是'張'字的左侧'弓'字。这'弓'字属'吊'客当头，形如'吊'字。古代的'吊'字就是这'弔'字。你想已经到了吊丧吊唁的地步，还有什么可救的呢？"

张九万儿子自言地说："八王爷已收下重礼，答应放人了……"

程省打断他的话，指指"涨"字中右侧的"長"字说："是八王爷说了算，还是帝王说了算？你这'涨'字里的'長'字，上面半段已显出'王'字偏心一大半，'王'已痛下杀心，有谁能阻挡呢？"

张九万的儿子仍不死心，指着字里的三点水说："有位先生说，这'涨'字有水'涨'船高之义，自有吉人相助，自能逃过一劫……"

程省道："这是肤浅之说。刚刚你在加上这三点水时，头上冒汗，眼中含泪，心中滴血，这三点是血泪相交，正如钱塘涨潮，汹涌澎湃，势不可挡。我以字说话，劝你不要将白银砸进江里，还是早点回去为令尊料理后事吧……"

手心和手背——掌

zhǎng
掌

金文
小篆
隶书
楷书

　　"掌"字是个上下结构的形声字兼会意字。上面的"尚"字读"shàng"，作声符并会意。下面的"手"字作形符，表示跟"手"有关。

　　"尚"字与"手"字组合，指"人手的手心和手背"。

　　因指的是人手的手心和手背，所以古人用"手"字作"掌"字的形符。古人为什么用"尚"字作"掌"字的声符呢？

　　甲骨文的"尚"字与"商"字和"赏"字同源。在甲骨文中都是酒器的形状。甲骨文和金文的"尚"就是甲骨文"商"字简省的写法，同属一个字，隶变后楷书写作"尚"。"尚"字的本义指"酒器"，表示举杯致敬之意。后来引申指"尊崇、崇尚"，进而引申指"超出"之意。人的手掌心对手指而言，是手指之本，较手指更为尊贵重要，所以古人用"尚"字作"掌"字的声符并会意。

　　楷书的字形由小篆演变而来，写用"掌"。

　　"掌"字的本义指"手心手背"，如手掌的中心为"掌心"，也用来比喻控制的范围；拍手称"鼓掌"，也称"拍掌"，也称"抚掌"；脚接触地面的部分称"脚掌"；比喻恶势力的控制称"魔掌"。还有仙人掌，掌上明珠等词语。

　　"掌"字由本义引申指"某些动物的脚"，如熊掌、鸭掌。由本义引申指"用手掌打人"，如掌嘴。由本义假借指"主持、管理、把握"，如掌管、掌灯、掌舵、掌控、掌握、掌印、掌鞭、掌柜、掌勺、执掌等。由本义又假借指"钉在鞋底前后的皮、橡胶等"，如给鞋前钉掌。由此又引申指"钉在马、骡子等蹄子上的铁具"。

"手掌"与"拳头"

无锡梁溪谜语研究会是个民间学术性社团,以弘扬民族文化,研究谜语,特别是字谜为主。近几年来,这个谜语研究会,名气越来越大,活动范围越来越广,活动形式越来越多。会员们的活动地点设在西水关茶楼。茶费自付,进出自由,发言按次序,奉行"我不同意你的观点,但我尊重你的发言权"的规则,"奇文共欣赏,疑义相与析"。会员们在此以文会友,相互学习,共同提高。

这天,马汉文和小陶等人来到茶馆,茶馆服务员小马叫道:"首长来了!首长来了!"

马汉文伸出手掌对小马说:"这就是手掌。再喊我就给你一个巴掌。"此话一出,引得众人大笑。其中一老者问道:"马会长,你这五指伸直,手心朝上摊开为掌"zhǎng",手指蜷曲,五指紧握为拳"quán"。这两个字在读音上有什么讲究?"

马汉文坐下,喝了口茶,一会儿将手掌摊开,一会儿握紧拳头,想了想说:"这'拳'字上为卷,下为手,五指并拢握紧为拳。一拳打出去,力道足,这是全力以赴,所以'拳'音通'全'。若是一个手指头伸出去,只能戳"chuō"穿一层纸,读音与刺"cì"相近。'掌'字就显得繁杂了。上面是'尚',下面是'手'。将手心向上,伸开五指,就是手掌。手上通手尚,手尚即手掌。刚刚小刘跟我开玩笑,称我为'首长'。'手掌'与'首长'同音,不是没有道理的。'手掌'就是掌握拿住东西的位置。一个人手的动作,是完全由大脑支配的,大脑在头部,是神经指挥系统,通过手的动作,反映总指挥的意图。总指挥不就是首长么?"

老者听了,连连点头,补充道:"据我理解,'掌'字上面的'尚'字,有尊贵、崇尚的意思,还有赏赐给予的意思。摊开手掌,有向别人索取,乞讨的意思,也有将手掌里的东西给予别人的意思,这就要看各人如何掌握了。"

两人滔滔不绝地谈着,周围人津津有味地听着,小刘拎着水壶来续水,责怪道:"两位老首长,讲得口干舌燥,该喝口茶啰!"

手拿一根棍棒——丈

zhàng
丈

小篆
丈 隶书
丈 楷书

对古代的"丈"字，有几种不同的说法。

有人认为，古代的"丈"字，是一只手拿着一根棍棒，表示"拿持"。这是"仗"字的本字。

也有人认为，古代的"丈"字，形似手持拐杖，因此把"丈"与"仗"视为同一个字。后来因为"丈"字用于别的意思，就另造"杖"字表示"棍棒"的意思。

也有人认为，在小篆中，"丈"字是个会意字，由"又"字和"十"字这两个字形组成。"又"字表示"手"。古代测量长度多采用十进制，"十"字被表示为测量用的工具。合起来指"手持量尺测量长度"。"丈"字的本义是指"市制长度单位，一丈等于十尺"。另外，"十"字作为数的极限，因而被引申为对年长者的尊称。

还有人认为，"丈"字的本义为"拐杖"。老年人常拄拐杖，所以"丈"引申转指"人"。由此又引申指"丈夫、岳父"。

我们将以上论点归纳起来，可把"丈"字的本义看作是"手持棍棒"。因这个棍棒上有十个刻度，表示一丈长，所以引申指"长度单位"，如市丈、百丈、光芒万丈、一落千丈。

"丈"字由上义引申指"测量土地"，如丈量、丈地。古时尺较短，一般成年人身高近一丈，所以将成年人称为"大丈夫"。男子成年而婚，故又引申指"丈夫"。由"丈夫"引申指"对老年男子的尊称"，如丈人、方丈、姑丈、老丈。由此还引申指"妻子的父亲母亲"，如老丈人、丈母娘、岳丈等。

名副其实的"杖夫"

古代的"丈"字和"仗"字及"杖"字同源,都是由"丈"字衍生出来的。有一段时期,它们曾混为一体,不分彼此。但分化之后,各自职责分明,相互独立,不能再混为一谈了。男女结婚后,男子是女子的"丈夫",就不能写成"仗夫"或"杖夫",否则这笑话便闹大了。

却说中国历史上有个南北朝时代,大约在公元420年至公元589年之间。其中有个齐国,齐国有个昏庸无能的皇帝叫萧宝卷。此人只会吃喝玩乐,从不过问国事。后来被他家族的另一股势力推翻,萧宝卷被废为东昏侯。皇帝当不成,他被老婆看不起,在家里也抬不起头来。

萧宝卷非常惧内,是个出名的怕老婆的人。他的妻子潘妃,虽然貌若天仙,但凶悍无比,常手持棍杖,追赶着打得萧宝卷无处躲藏,连喊饶命。萧宝卷既宠爱她,又惧怕她。

潘妃室内有个木架子,架子上放着一排棍棒,是专为打萧宝卷而定制的。这些棒按大小排列,她要责罚萧宝卷时,呼唤宫女取棒,取棒的大小,按她当时的心情而定,愤怒时必取大棒。为此,萧宝卷常哀求宫女,取棒时尽量挑小号的,免得自己皮肉受苦。

萧宝卷惧内的事,史书有所记载。野史上怒斥他是个彻头彻尾的昏君,又是个名副其实的"杖夫",就是挨棍棒打的丈夫。

"丈""杖"同音,意思可大不一样哦。

扶着走路的棍子——杖

zhàng
杖

"杖"字是个左右结构的形声字兼会意字。左边的"木"字作形符，表示跟木头之类有关。右边的"丈"字读"zhàng"，作声符并会意。

"木"字与"丈"字组合，指"扶着走路的棍子"。因指的是棍子，而棍子大多用木头做成，这跟"木"字有关，所以古人用"木"字作"杖"字的形符。

古人为什么用"丈"字作"杖"字的声符呢？

古代的"丈"字是个会意字，字形像一只手拿着一根棍棒子。小篆的字形将上面写成了"十"字，下面是"又"字，表示手。隶变后的楷书写作"丈"。"丈"字的本义指"拿持、扶持"。可见"丈"字是"仗"字的本字，是最早的"仗"字。而"仗"字除了战争打仗之义外，还有个义项，是表示"依仗"和"倚仗"之义。这就有依靠的意思。而作为表示扶着走路的"杖"字，也有依靠这"杖"行走之义，所以古人用"丈"字作"杖"字的声符并会意。

也有人认为，手中所拿的棍杖上有刻度，十尺为一丈。"丈"含有"长（cháng）"的意思，而扶着走路的"杖"也有较长之义，故用"丈"作"杖"字的声符并会意。

楷书的字形由小篆演变而来，写作"杖"。

"杖"字的本义指"扶着走路的棍子"，如拐杖、手杖。"杖"字由本义引申指"棍子"，如擀面杖、雪杖。古时有一种刑罚，用棍子打屁股，称为"杖刑"。帝王在朝廷上杖责臣子称"廷杖"。

"杖"藜扶我过桥东

清朝光绪年间,无锡梅村有位名叫潘锡生的人,曾在省城刑部任职。这天潘锡生侄儿大婚,请来众多亲友乡邻庆贺,其中有不少当地头面人物。

潘锡生坐主桌。酒过三巡,潘锡生提议道:"今日相聚,在座都是饱学之士,何不行酒令助兴?"

众人响应,要他定个规则。潘锡生道:"依老夫之见,此酒令先用唐宋诗一句,再引出一句俗语。——我先来献丑。"说罢吟道:

一枝红杏出墙来。见一半,不见一半。

"一枝红杏出墙来",是宋代叶绍翁《游小园不值》中的名句。酒令借这一句来讥讽有些乡绅从前一套,现在一套;人前一套,背后一套的两面派作风,责骂他们属势利之徒。

有一乡绅听出此令弦外之音,当即回应:

旋斫松柴带叶烧。热灶一把,冷灶一把。

"旋斫"zhuó"松柴带叶烧",是唐代诗人杜荀鹤写的《山中寡妇》一诗中的名句。这位乡绅用这句诗引出"热灶一把""冷灶一把",意为世态炎凉,一冷一热是天经地义的事,没啥稀奇的。

来客中一位长者见宴席上出现针锋相对,互不相让的气氛,忙拄着拐杖,站起来接令:

杖藜扶我过桥东。我也要你,你也要我。

"古木阴中系短篷,杖藜扶我过桥东",是宋代诗人志南写的古诗《绝句》中的一、二句。指把小船系在参天古树的树荫下,拄着拐杖走过桥的东面。杖藜"lí"指拄着拐杖。藜是一年生草本植物,茎坚硬,可做拐杖,称"藜杖"。这儿的"杖"作动词用,指拄着藜杖。

这位老者说的是杖离不开人,人离不开杖,颇有官官相互,相互利用的意思。既然谁也离不开谁,还是息事宁人,相安无事吧。

罩床上防蚊用品——帐

zhàng
帐

小篆 帳

隶书 帳

楷书 帐

"帐"字是个左右结构的形声字兼会意字。左边的"巾"字作形符，表示跟布帛、丝织品有关。"帐"字右边的"长"字读"zhǎng"，这是"张"字简省的写法，作声符并会意。

"巾"字和"张"字组合，指从上到下罩在床上防蚊子叮咬的用品。因"帐"子是用布、绸子或丝织品制成的，所以古人用表示布帛的"巾"字作形符。

古人为什么用"长"字作"帐"字的声符呢？

有人认为，"帐"字的声符"长"字应读作"cháng"，因为防蚊子的帐子是从上到下覆罩在床上的，有长短之长的意思，所以古人用"长"字作"帐"字的声符。

有学者考证，小篆的"帐"字是个左右结构的形声字。本作"张"，是把帐子张施于床上之义，后改"弓"为"巾"，分化为"帳"，隶变后楷书写作"帐"。

这"帐"字里的"长"是长（cháng）短之长，还是张（zhāng）开之张呢？看来还是"张开"，施展于床上较为贴切。

"帐"字的本义指"床帐"。"帐"，是一种用作遮蔽的物品，通常用纺织品、毡（zhān）、皮革等制成，如挂在床铺上方和周围阻挡蚊子的帐子称"蚊帐"。蚊帐有长方形的和圆形的，若是圆形的，称"圆顶帐"。

"帐"字由本义引申指"帐篷"，如军队行军宿营或野外工作者用的帐篷称"营帐"，也称"帐幕"；为遮挡而悬挂起来的布、绸子、丝绒等称"幔帐"；古时将帅在帐中召集将士议事或发令，称"升帐"。"帐"字同"账"。

长巾"帐"中女子好

明朝万历年间，江苏无锡东亭镇有个大户人家，因儿孙众多，便开办了私塾，请来一位老秀才教书。老秀才教学有方，宽严有度，赏罚分明，所以十几个孩子都学有长进。主人很高兴，特地挑选了一位名叫春香的小姑娘为老秀才和十几个孩子服务，每日扫地抹桌子，烧茶递水服侍他们。

小春香聪明过人，几年下来就靠旁听，竟也识了不少字，亦能吟诗作对了。老秀才很喜欢她，把她当作学生同等看待，让她听课。可好景不长，老秀才年事已高，告老还乡了。主人家新聘了位老师。可此人年轻气盛，又自以为高人一等，因嫌春香端茶不慎，茶水浸湿了他衣袖，竟责罚春香，不让他在课堂听讲，只许她坐在门外听候使唤。

这天，教书先生见春香跷起脚尖，在门外偷听他讲课，便将她唤进来，当着众多学生的面说："你如此好学，也很难得。我今日考考你。我出个上联，你若对出下联，我就让你听课，若对不出，你就老老实实地端茶递水。"春香不亢不卑地说："请先生出上联。"

教书先生斜眼看着春香，吟道：

各门阁内女卑婢女又是奴

这上联出得妙。"各""门"合为"阁"，"女""卑"合为"婢"，"女""又"合为"奴"。既是连续三个全体字，最后一个"奴"字，又表白了教书先生对春香的鄙视，称她为"奴婢"。这是很不得体，有失礼貌的。

春香听罢，充满自信地一笑，吟道：

长巾帐中女子好少女尤妙

这下联"长""巾"合为"帐"，"女""子"合为"好"，"少""女"合为"妙"。一连三个合体字，最后突出个"妙"字。这下联不仅与上联对仗工稳，而且很自信地道出了妙龄少女正值青春美妙之际的自豪感，这样更显得教书先生狂妄无礼，没有教养。

财物进出的记录——账

zhàng
账

"账"字是个左右结构的形声字兼会意字。左边的"贝"字作形符，表示跟金银财宝有关。右边的"长"字是声符并会意，读"cháng"这两个字形组合在一起，指"财物进出的记录"。因为是财物的进出，所以"账"字用"贝"字作形符。

古人为什么用"长"字作"账"字的声符呢？因为"长"字有"两端距离大"的意思。而账目的记录从头到尾进行，跨越的时间很长，特别是许多陈年老账，时间更长。所以古人用"长"字作"账"字的声符并会意。

楷书的字形由小篆演变而来，写作"賬"，现简化为"账"。

"账"字的本义指"财物进出的记录"，如记载货物、货币出入的单子称"账单"，向主管人员报告款项的使用情况称"报账"，收不回来的账称"呆账"，结算账目称"结账"。还有账房、账号、账目、查账、管账、烂账、盘账、清账、销账等都与账目有关。

"账"字由本义假借指"债务"，如用实物或劳务还账称"抵账"，放债也称"放账"，付给应付的钱称"付账"。还有会账、结账、欠账、押账、要账等都是此义。

"混账"一词形容人言行无理无耻，是句骂人的话。

賬 小篆

賬 隶书

账 楷书

"混账"和"混帐"

"混账"是个形容词,指一个人的言语和行为很无理又很无耻,这是句骂人的话,但不粗俗,也算得上文雅克制。如混账东西、混账小子。这句话在中国南方和北方通用,人人都懂。但有些人却弄不明白,这"混账"的"账"字,究竟是"账目"之"账",还是"帐篷""蚊帐"之"帐"?词典上规范的写法是"混账"。也有人认为写成"混帐"并无不可。两者可通用。

按理说,写成"混账"是有道理的。一个人,对工作极端不负责任,把账目做得乱七八糟,混乱不堪,从财物混乱,引出"混账"之义,指某些人做事不认真,是非分不清,且死不认错,显出言语行为无理又无耻,便被人骂成"混账东西""混账王八蛋",以解心头之恨。

有人考证,"混账"一词应写作"混帐"。这个词原自蒙古族。蒙古族是游牧民族,他们驾着马车,载着帐篷及家具,赶着牛羊,寻找水草丰美的地方。人走到哪里,帐篷就搭建在哪里。白天,男人们外出放牧,留在帐篷里的大多数是妇女、孩子和老人。有些因种种原因留在家里的小伙子,趁机四处乱窜,混进帐篷里,找姑娘谈情说笑。如若被严厉的老人碰上了,老人便会很生气地骂上句:"你又混帐来了!""混帐东西,你又来了!"小伙子只好溜出帐篷。久而久之,人们就把乱钻帐篷的"混帐"之义,逐渐演变为"混账",成了句骂人的话。

这句骂人的话,在《红楼梦》中又多了层含义。书中写到贾瑞心术不正,企图染指嫂子,成了众人眼中的"混帐东西"。这和蒙古族小伙子混进帐篷的意思相近。但当薛宝钗劝诫贾宝玉要认真读书,致力于仕途,学习经营家业时,宝玉把她说的都看作是"混账话"。在这儿,"混账"包含了厌烦、讨嫌的意思。

还有人考证,说"混账"一词,源自傣族。西南山区的傣族人一家老老小小同住在竹楼卧室里,相互只用帐子隔开一点儿。夜晚上床爬错地方混淆了,这就叫"混帐"。这是句很严厉又刻毒的骂人的话。若此说当真,"混账"就更应该写成"混帐"了。

崇山阻隔交通——障

zhàng
障

障 小篆
障 隶书
障 楷书

　　小篆的"障"字是个左右结构的形声字兼会意字。左边的"双耳刀"是"阜"字，读"fù"，在甲骨文中是个象形字，像古人在其所居住的地穴墙上挖出的供上下用的脚窝，犹如后来的楼梯、台阶。隶变后的楷书单用时写作"阜"，作偏旁时在字的左边写作"阝"，俗称"双耳朵旁"或"软耳旁"，规范称"双耳刀"。其本义指"脚窝"，后引申指"土山"，又引申指"高大"。在"障"字中指高大的山。"障"字右边的"章"字读"zhāng"，作声符并会意。

　　"阜"字与"章"字组合，指高大的山阻隔道路。因是指高大的山，所以古人用"阜"字作障字的形符。

　　古人为什么用"章"字作"障"字的声符呢？

　　金文和小篆的"章"字，本义指"雕凿玉石上的花纹"，后引申指"花纹"，又指乐曲诗文及奏章，也有条理章法及很有文采和十分明显、显著的意思。后来"章"字作了偏旁，也可单用。"章"字不少字义被分化为新造的字，如：嶂、幛、彰、璋、障等。但在古代很长一段时期这些字是通用的，故"章"字有"明显"之义，而大山阻隔交通这是显而易见的，所以古人用"章"字作"障"字的声符并会意。

　　楷书的字形由小篆演变而来，写作"障"。

　　"障"字的本义"阻隔、阻挡"，如阻挡，使不能顺利通过称"障碍"，阻挡、遮蔽、遮挡称"障蔽"。机器坏了，不能运作称"故障"。"障"字由本义引申指"用来遮挡或防卫的东西"，如起遮挡作用的东西称"屏障"，用来挡风，保护植物或设施的建筑物称"风障"。还有音障、路障、花障、板障等词语。

"障"和"一叶障目"

古时候有个"蝉翳"yì"叶"的传说。所谓的"蝉翳叶",谁也没见过,只是个传说。这是种薄薄的和蝉的翅膀相似的叶片。蝉,就是知了,夏天它在树上鸣叫时,常有人来捕捉,用以做药。蝉就躲藏到一种树叶下,在这种树叶的遮盖下,人或螳螂及小鸟就看不到它,很难伤害它。这片树叶就叫"蝉翳叶"。这儿的"翳"字,在医学上,指眼睛角膜病变后遗留下来的瘢痕,使人视力受影响。所以"翳"字有遮蔽的意思。这"蝉翳叶"就有遮挡视线的意思。如今从科学的角度看,任何动物或生物,都是适者生存,都有各自的自卫能力。"蝉"躲到这种树叶下,出于本能,这种树叶的颜色或形状与蝉相似,起了伪装或保护作用,这也是正常的,并不是什么神奇之物。

有人异想天开,说有谁能得到这"蝉翳叶",就能遮蔽自己,成为隐身人,别人就看不到他了。这是无稽之谈,可偏偏有人信以为真。

《晋书·顾恺之传》记载:晋代无锡大画家顾恺之就相信此事,他还特地到郊外觅求"蝉翳叶"呢。他的好友桓玄跟他开玩笑,摘了片树叶给他,说这就是"蝉翳叶"。他信以为真,用树叶遮脸,桓玄在他眼前,装出东张西望地寻找他的样子,一边呼喊,好像看不到他,还故意在路边对着他小便。这下顾恺之上当了,以为这便是"蝉翳叶",当作宝物珍藏起来。

《笑林》中有个笑话。说一书呆子从古书中得知"蝉翳叶"传说,他四处寻找,将蝉藏身之处的树叶全拿回家一一试验。他先取一叶遮脸上,问家人看到他否?若看到,便再取一叶。如此几十次后,家人不耐烦了,就说看不到他了。书呆子兴奋不已,拿着这树叶去街市。先到一卖烧饼的摊头,拿了店家一块烧饼。店主以为此人有精神病,没去理他。书生以为这真是个宝物,又去一家店里拿钱,被店主当场按住,送往县衙。县令审讯时,他大呼:"我'一叶障目',什么也看不见呀。"

后人便将"一叶障目"作成语流传下来。

打手势叫人来——招

zhāo
招

甲骨文
金文
小篆
隶书
楷书

"招"字是个左右结构的形声字兼会意字。左边的"提手旁"作形符，表示跟手有关。"招"字右边的"召"字读"zhào"，作声符并会意。

"召"字与"手"字组合，指打手势叫人来。因指的是打手势，这跟手有关，所以古人用"手"字作"招"字的形符。

古人为什么用"召"字作"招"字的声符呢？

甲骨文的"召"字是个会意字，字形是两手捧起放在桌子上的酒樽。上边是双手，当中有个舀酒的小匙"chí"子，即小勺子。下面是"口"字，表示邀请他人来饮酒。金文大致相同。小篆变成了从"刀"从"口"的形声字，隶变后的楷书写作"召"。本义指"召请他人饮酒"，后引申指"召唤、招呼、征召、召致"等意思。"召"字后来作了偏旁，古人就在"召"字左边加义符"提手旁"写作"招"，专门表示打手势叫人来。正因为此，古人才用"召"字作了"招"字的声符并表意。

楷书的字形由小篆演变而来，写作"招"。"招"字的本义指"用手势叫人或致意"，如招手、招呼、招之即来。"招"字由本义引申指"用公开的方式使人来"，如旧时统治者劝诱武装反抗者归降称"招安"，公开招人承包工程或进行大宗商品交易称"招标"。还有招兵、招待、招聘、招生、招考等词。"招"字由本义又引申指"引来、惹"，如言语或行动引起麻烦称"招惹"，用各种手段或特点吸引称"招引"。还有招摇、招揽等词。

"招"字还假借指"说出所犯罪行"，如招供、招认。又假借指"手法、技艺"，如绝招、招数、高招、花招等词。

"招摇"如何"过市"

"招摇过市"中,"过市"的意思好理解,指在行人众多的闹市中走过。可"招摇"二字作何解释呢?"招摇"是什么样式?又是如何"过市"的呢?

要解开这个谜,首先要弄明白,什么是"招摇"?词典上的解释是:故意张大声势,引人注意。换句话说,就是虚张声势,自我标榜,显然,这是一种行为状态。但词典没有讲清"招摇"的原始意思及为何成"招摇过市"的。这个转变很重要。

"招摇"二字本是个专用名词,是北斗星中第七星的名字。后来就用这个词代指北斗,其余的天枢、天权、开阳等星不为大众所熟知。

古代士兵行军时,常将北斗七星画在旗帜上,这面旗帜就称"招摇"。除了"招摇"旗帜外,军队中经常有几面别的旗帜,如朱雀旗、率武旗、青龙旗、白虎旗,再加上招摇旗,就共有五面旗帜,这五面旗在行军布阵中具有重要作用。成千上万的士兵要依靠这些旗帜,确定布阵的方位和行动的方向。

在行军或战斗中,军旗飘扬,形成阵势。在众多的军旗中,"招摇"之旗举得最高,竖立在各式旗帜的正中内,这样就能使四方形的阵势井井有条,一点儿不乱。招摇之旗不仅地位高于其他军旗,它还成了参战士兵集合的参照物,看到招摇旗就能找到自己的位置。

当两军对阵,一方的威武之师,在招摇旗的引导下踏着雄壮整齐的脚步,随着隆隆的军车和昂首长啸的战马通过街市时,民众欢呼,军旗猎猎,士兵呐喊……这场面威武雄壮,令人振奋,招摇过市的恢宏场面就这样形成了。于是,便有了成语"招摇过市"。

"招摇过市"本是个使人振奋、令人感动的场面,但随着时代的发展,这个词由壮丽和振奋人心,变得丑陋和不得人心了。变成虚张声势、自我表榜的小丑形状了。更有甚者,"招摇"与"撞骗"连在一起,形成"招摇撞骗",那就是十足的骗子,这就成了个贬义词,原先"招摇"所具有的夺目光彩荡然无存了。

太阳从草木间升起——朝

zhāo 朝

朝 甲骨文
朝 金文
朝 小篆
朝 隶书
朝 楷书

在金文中，"朝"字是个会意字，看上去是一幅美丽的风景画。

你看，右边是一条清澈的河流，河里的水缓缓地流淌，左边是河岸，河岸上草木茂盛。你再看，上下都是草字形，而在草丛中有一个"日"字，表明一轮红日，正从河边的草木间冉冉升起，这是一幅多么美丽的水乡日出景象啊！

根据这幅图画，我们可以断定，"朝"的本义就是"早晨"。

"朝"字在小篆以后，字形发生了不少变化。原来的河流变成了"月"字。有人认为，这是表明太阳从草木中升起，而此时月亮尚未落下，它的本义也是指"早晨"。

两种说法，都有道理，好在本义一致，我们也不必去细究谁更有理了。

"朝"表示早晨，如朝阳、朝露、朝霞、朝辉、朝日、一朝一夕、朝令夕改、朝发夕至。

"朝"是一天的开始，就表示今天，如：今朝。

早晨起来，精神焕发，显得有朝气、朝气蓬勃。

"朝"字是个多音字，除了读（zhāo），也读（cháo）。在古代，大臣们天没亮就要到宫廷去见皇帝，一起议论国家大事，所以就把早晨聚众议事的地方称为"朝"（cháo），代表宫廷，也叫朝廷。把大臣见皇帝叫上朝、朝见。

由朝廷这层意思，把一国君主统治的时期称为"朝代"。

由朝见皇帝这层意思，"朝"字又有面对着的意思，如脸朝南。也表示方向，如门朝南。邻国朝鲜，简称"朝"。

十月十日为"朝"

北宋年间，有个叫谢石的人从四川来到京城，靠测字为生。由于他阅历广博，测字测得合情合理，不露一丝破绽，因此名声大振，最后竟传到宋徽宗的耳朵里。

一天，宋徽宗随手写了个"朝"字，命一个太监扮成平民，去谢石的测字摊试探试探。

谢石打量了太监一番，稍后又谈了几句闲话，发现他嗓音尖细，面胖无须，便断定这是个阉人扮的。阉人只能在皇宫里当太监，能混入闹市，一定是皇帝特许的。想到这儿，谢石拿起那个"朝"字，装模作样地看了两眼，猛然说道："这个字不是你写的。"太监吓了一跳，脱口而出："你怎么知道的？"

谢石一听，心里更有数了，便一字一句地分析起来："这个'朝'字，拆开来是"十月十日"四个字，如果不是这一天诞生的天人所写，谁又能写得出来呢？"

其实，宋朝的官民年年都要过"万寿节"，为皇帝过生日，所以人人都知道皇帝的生日是哪一天。然而太监听谢石说得丝丝入扣，毫无纰漏，早已佩服得五体投地，忙不迭说出了事情的真相。从此，为"天子"测字的故事便传开了，谢石更是天下闻名了。

手指甲和脚指甲——爪

zhǎo
爪

甲骨文
金文
小篆
隶书
楷书

甲骨文和小篆的"爪"字都是象形字。字形就像人的手和脚的指甲的样子。"爪"字的本义就是手指甲和脚指甲。

"爪"字由人的指甲转借为鸟兽的脚或趾,如鹰爪、虎爪、猫爪、鸡爪、爪牙、张牙舞爪、一鳞半爪。

"爪"还引申为像爪一样的东西,如这只锅有三只爪儿。

"爪",现在只用于动物或物,不用于指人的手指甲了。如若用了也是骂人的话或是讲笑话。

《隶辨》

唐·颜真卿《麻姑仙坛记》   唐·昭仁寺碑

《草书韵会》

卖"瓜"子和卖"爪"子

关于"爪"字,有这么一则笑话故事。

南京太平南路有家南北货店,店里进了一批瓜子,有南瓜子、葵花子、西瓜子……为了招引顾客,店主在门口挂了一块黑板,上面写着:"本店爪子品种繁多,有黑爪子、大爪子、小爪子。"

黑板挂出后,小店的生意没见多好,倒是每天有不少人在门口指指点点,因为没有一个人知道这"爪子"究竟是什么东西。

其实,店主写的"爪子"就是"瓜子",只不过中间一竖少写了一钩和一点,结果闹了个大笑话。

一字一世界

划船向前寻方向——找

zhǎo 找

找 小篆

找 隶书

找 楷书

"找"字是个后起字，在《说文解字》中未被收录。

对"找"字字形的解读说法不一。不少人在写"找"字时往往一下笔就是一长横，然后再一竖一勾地写下去。其实这是个左右结构的形声字兼会意字。左边是提手旁，表示跟手的动作有关。右边的"戈"字读"gē"，作声符并会意。

"找"字指武器与"手"组合，有两种解读。一种解读认为，"找"是手持武器在寻找东西，也可能是用手拾武器。还有一种解读认为，这"找"字是"划"字的本字，是最早的"划"字，读"huá"。指用手持竹篙撑船，或用浆划船，使船前进。本义为拔水使船前进。这划船的动作与寻找东西的动作有相似之处，后来用以表示"找"。而"划水"之意就另造"划"字表示。

还有人认为，"找"字中的"戈"字是个长柄兵器，前端有像月牙形的钩，而撑船用的竹篙的顶端装有像戈钩的铁器，可以钩住附近物体拉船前行，这个可被钩住的物体或地方要不断寻找。而长柄"戈"跟撑船的竹篙相似，所以古人用"戈"作"找"字的声符并会意。

楷书的字形由小篆演变而来，写作"找"。

"找"字的本义指"手持竹篙撑船使船前进"。这个本义被"划"字取代，"找"字假借指"寻求、觅取"，如寻找、找事儿、自找、难找、找茬儿、找麻烦。

"找"字又假借指"把多余的部分退回"，如找零钱、找头、找还、找补等词。

寻"找"债务人

民国年间,家住城南信府河的刘四爷,借了一笔钱给三山街的祥和绸缎店老板祥福禄,哪知他到期不还,连店门都关了,不见人影儿。刘四爷万般无奈,来到夫子庙文德桥,找测字大师胡铁嘴商量,请他测个字,看这祥福禄是否能找到,这笔款子能否讨得到。

胡铁嘴听罢刘四爷的诉说,让他在布袋里摸个字再说。刘四爷道:"摸啥字哩,就测祥字!"

胡铁嘴提笔写了个"祥"字说:"这'祥'字是稀姓,祥福禄把好字都用到自己身上了,就是不干好事。依我看,他恐怕不止欠你一个人的钱,债主多着呢。他应付不了,关门大吉,一走了之。"

刘四爷道:"跑得了和尚跑不了庙。他家店铺还在呢。胡大爷,你说他什么时候回来?"

胡铁嘴指着"祥"字说:"你要测的为'祥'字,把它拆开来东拼西凑重新组合就是'不来'二字。"说着,他演示了一番,将"祥"字右边"羊"字上面两点按到下面左右两边,当作"来"字的一撇一捺;再将"祥"字左上面一点按到右边头上,看起来就是"不来"二字。他还告诉刘四爷,若他有耐心,还能将"祥"字拆解组合成"不金"二字。这就是说,祥福禄不出来也不还钱了。

刘四爷对这种解释不满意,叫道:"你再测个'找'字,我要联合其他债主,一定要找到他。"

胡铁嘴又写了个"找"字说:"'找'字左为提手旁,右为'戈'字,你这是气势汹汹,提着刀枪找人哪。"

刘四爷气狠狠地说:"我找他要钱又不犯法。"

胡铁嘴道:"'找'字右边的'戈'字也是'钱'之半,看上去讨得一半的债不是没有希望的。"刘四爷一听,两眼发光:"怎么讨?"

胡铁嘴道:"'找'字左边的提手旁上加一撇便是'我'字。'我'字左半边就成了禾木旁,禾木旁加口便是和字。和为贵嘛,你放出风声去,说我刘四爷知道你祥老板有困难,欠债只要还一半就行了。你这样一表态,他说不定会良心发觉,还你一半钱……"

急走跳跃——赵

zhào 赵

金文
小篆
赵 隶书
赵 楷书

　　小篆的"赵"字是个左下包围结构的形声字。左下方的"走"字作形符，表示跟人行走的动作有关。右上方是"肖"字，读"xiāo"，作声符。

　　"走"字与"肖"字组合，指"快步走"。

　　因快步走与"走"字有关，故古人用"走"字作"赵"字的形符。

　　楷书的字形由小篆演变而来，写作"趙"，俗称"走肖赵"。如今简化作"赵"，用符号代替了声符"肖"。

　　"赵"字的本义为"急走、跳跃"，后来假借为国名。周朝天子周穆王封造父于赵，这便是"赵国"，位于今日山西北部和中部，河北的西部和南部。成语"完璧归赵"和"围魏救赵"讲的都是赵国故事。河北的南部也称"赵"。

　　"赵"字也作姓氏用。

天下第一姓——赵

南京奇人郑可鉴，本是旅游公司老板，但他喜欢当导游。有一天，郑导率团到黄山去。旅游团中有位名叫赵安的小青年对郑导说："郑导，我们是老熟人了。这次跟你出来散散心。我正为找不到工作发愁呢。你给我测个字，看这两天我能不能找个称心事儿。"

郑导问："我借解字解解你心结吧。你解什么字？"

赵安说："就测'赵'字吧。看老祖宗怎么说。"

郑导掏笔写了个"赵"字说："嚯，天下第一大姓。这'赵'字是走之旁加个叉……"正说着，赵安打断他的话："简化汉字我举双手赞成，唯独这'赵'字的简体字，我们姓赵的都反对，怎么能将一个大叉叉安在赵家头上呢？"

郑导安抚道："我深表同情。按简体字分析，左边走之旁，右边一个大叉，表示此路不通，你走错地方了。不过，这大叉写得正点儿倒像'卜'字，你这'赵'字就像'赴'字，你前赴后继，继续找工作……"

赵安提醒道："郑导，别开玩笑，正儿八经给我算算看，我能不能找到个好工作。"

郑导改口说："那我就拆解繁体字'趙'，俗称'走肖趙'。左边'走'字。找工作得外出活动，到处求人呀。走街串巷看广告，走亲访友找熟人，这全靠'走'字。另外站在'走'字身上的'肖'字也大有讲究。'趙'字本来的意思是快步走，跳跃着走，急走。急到什么程度呢？日夜不停地走。怎见得？'肖'字上为'小'，下为'月'。'小月'指月前或月底，也指披星戴月，趁早赶到。后来'趙'字成了地名、国名、姓氏，快走的这个意思消失了……"

赵安生气地说："跟我找工作有什么相干？"

郑导指指"肖"字说："这'肖'字是小月露脸，十分明亮，十分俊俏，用来指肖像。后来又指相似，很像。你长得最像谁？当然是父母啰。''趙'字里的'肖'，就是告诉你，找工作要找跟父母相似的工作，或找与父母同辈的长辈们介绍工作。"

一字一世界

燃火放光明——照

zhào
照

金文
小篆
隶书
楷书

　　"照"字是个上下结构的形声字兼会意字。下面的四点指"火"，作形符表示跟"火"有关。"照"字上面是"昭"字，读"zhāo"，作声符并会意。

　　"照"字与"火"字组合，指燃火放光明。因是指燃烧火把之类，以求明亮，这跟"火"有关，所以古人用"火"字作"照"字的形符。

　　古人为什么用"昭"字作"照"字的声符呢？

　　小篆的"昭"字是个左右结构的形声字。左边的"日"字是形符，表示跟太阳有关。右边的"召"字作声符。这两个字形组合在一起，指日光明亮，还引申指"明白""清楚""显示"等意思。"照"字就是燃烧火把，以求明亮。"昭"字有日光明亮之义，这跟"照"字是密切相关的，所以古人用"昭"字作"照"字的声符并会意。

　　楷书的字形由小篆演变而来，写作"照"。

　　"照"字的本义指"亮光照射"，如利用光源照亮称"照明"，光线射在物体上称"照射"，强光照射称"照耀"，光线的照射称"光照"，日落的光辉称"落照"，一天中阳光直射的时间称"日照"。傍晚的阳光称"夕照"等。"照"字由本义引申指"对着镜子或其它反光的东西看"，如照镜子、照壁、打个照面。由上义引申指"拍摄"，如拍照、照相。由此又引申指"相片"或"画像"，如照片、小照、照相馆。又引申指"关心""看顾"。

"照例"和"是的"

"照"字用于照搬、照旧、照常、照登、照例等词时，都属副词，表示情况不变，依照老规矩办。也有按照惯例，按照常情办事的意思。

明朝宪宗年间，朝廷有位大臣名叫施纯彦。此人才学不高，能力一般，但他为人沉稳，做事心细，且会察言观色，以勤补拙。所以他节节高升，后来能经常上朝，跟宪宗皇帝及文武大臣一起，商讨国家军机大事。

这一年初春，宪宗皇帝舌头上生了个疮，疼痛难忍，可朝政大事，还得由他亲自过问，所以每天上朝时，他都得对大臣们送上的奏章作出回答。凡合理可行的事，他就回答"是"或"是的"或"是这样"。而每说到"是"字，宪宗皇帝总是疼得皱眉头。施纯彦是个有心人，他将这事记在心里。回家后，他对着镜子反复揣摩，学着皇上的口气说"是""是的""是这样"。他发觉每当说到"是"字，舌尖要卷起，且碰到上腭（è），所以疼痛。施纯彦又反复推敲，若是改说为"照例"或"照办"二字，舌尖在口腔里接触面少，疼痛感就少多了。而"是"、"是的"与"照例"意思一样，大臣们绝不会理解错。

第二天上朝时，施纯彦将昨夜写好的条子呈递给皇上。宪宗展开一看，只见上面写着："圣上请用'照例'二字代替'是'字，可减轻舌尖疼痛，以保龙体康泰。"宪宗皇帝看罢，会心一笑，试了试，果然奏效，便将此事记在心上。

后来，宪宗皇帝舌尖上的疮治好了，但他仍记着施纯彦这一片好意。他觉得满朝文武，没人像他那样体贴自己。不久，他将施纯彦提升为尚书。这下朝中一些大臣，对此心生妒意，讥讽施纯彦为"两字尚书"，意为他呈上"照例"二字才当上尚书的。

其实这些大臣对人也不必如此尖酸苛刻，臣子关心皇上理所当然，即使对属下或同僚有这等爱心，也属人之常情，人间美德，何必小鸡肚肠，将此视为溜须拍马，攀龙附凤呢？

一字一世界

捕鱼的笼子——罩

zhào
罩

"罩"字是个上下结构的形声字兼会意字。上面的"罒"字不可看作数目字"四",这个字读"wǎng"。在甲骨文中是个象形字,像一张网。本义为"用绳线结成的用于打渔捕猎用的器具"。在"罩"字中作形符,表示跟网有关。

"罩"字下面的"卓"字读"zhuó",作声符并会意。

"网"与"卓"字相组合,指"用竹子编成的上小下大、无顶无底、圆筒形的捕鱼的竹笼子"。

因为"罩"这种用具用竹篾编成,上面有许多网孔,所以古人以"网"字作"罩"字的形符。

古人为什么用"卓"字作"罩"字的声符呢?

甲骨文的"卓"字是个会意字。下面是个带把儿的网,上面是鸟的简形,表示以网罩鸟之义。金文简化,隶变后的楷书写作"卓",这是"罩"字的本字,是最早的"罩"字,所以古人用"卓"字作"罩"字的声符并会意。

楷书的字形由小篆演变而来,写作"罩"。

"罩"字的本义指"捕鱼的笼子",后泛指养鸡用的笼子。

"罩"字由本义假借指"覆盖或套在外面的东西",如罩衫、眼罩、罩袍、罩衣、灯罩、面罩。

"罩"字由上义引申指"套在外面,遮盖,扣住",如笼罩、鸡罩在笼子里了、把饭菜罩上。

小篆 罩
隶书 罩
楷书 罩

鱼罩罩鱼鱼在罩

民国年间，苏北建湖县蒋营镇有位私塾先生，当地人称他吴大先生。他终身以教书为业，在蒋营镇读书的孩子读到十三四岁，凡有深造希望的，他便动员家长将孩子送往盐城或南京上海去深造。因此，吴大先生可谓桃李满天下，全国各地都有他的学生。

这一年初夏，远在北京的一位学生回乡，带回一位眉清目秀的少年。学生说，这孩子的父母是他的同事。这两位同事出事了。出的什么事？他没讲。他将孩子带回家乡由自己的父母照料。孩子的学业不能耽搁，就在吴先生私塾里借读。这位名叫沈浩淼的孩子，便成了吴先生的学生。吴先生一口答应，悉心教导。

吴先生发觉，这孩子聪明好学，且非常懂事。没过几天，他便对乡间生活习惯了，且十分热爱。吴先生时常跟他聊天，谈古文，谈对联，也常带他到田头河边散步，看农民耙田插秧，看渔夫捕鱼捉虾。

这天，秧田里放水，游进来不少小鱼小虾，村里好多人拿起罩鱼的罩子，到秧田里罩鱼，你争我抢，好不热闹。不一会儿，一个个满载而归。吴先生指着眼前这欢乐的场景，吟道：

鱼罩罩鱼鱼在罩

这上联看似拗口，但两个字却把一句话说得很清楚。鱼罩子罩住了鱼，鱼就在罩子里了。

沈浩淼听了，说："老师，让我好好儿想想，等对出下联再告诉您。"

这孩子善于思考，也善于观察生活。他见村头柳树下，有位老人将鸟笼挂在树梢上。他略一沉思，对出了下联：

鸟笼笼鸟鸟登龙

吴先生听了，点头夸好。

阻挡不易通行——遮

古代的"遮"字，是个左下包围结构的形声字兼会意字。左下方是走之旁，表示跟行走有关，右侧的"庶"字是声符，读"shù"。这两个字形组合在一起，表示挡住道路，使其不易通行。

古人为什么用"庶"字作"遮"字的声符呢？因为"庶"字本指平民百姓，有人群众多的意思。"遮"字指道路被阻挡，不易通行，而人群众多，更不易行走，所以"遮"字用"庶"字作声符并会意。

"遮"字的本义指"阻挡、拦住"，如遮蔽拦挡称"遮挡"，遮蔽并隔断称"遮断"，将光挡住称"遮光"，遮挡、阻挡称"遮拦"。遮阳、遮阴、遮檐、一手遮天、遮阳帽、遮阳镜、遮阳伞等都是这个意思。

"遮"字由"阻挡、隔断"，假借指"掩盖、掩藏"，如遮蔽、掩藏也叫"遮藏"，用言语或行动遮掩缺点、错误或不足称"遮丑"，隐藏、隐瞒称"遮盖"。遮羞、遮羞布、遮眼法等都是这个意思。

走进庶民之中——遮

　　北宋时，四川有位测字名家谢石，在市中心租了一门面房开设测字馆，门外挂一幅写着"测字"二字的条幅当招牌，墙上挂有一块大白布，布上写有千余字，不识字的人只要往布上一指，即可依字测解了。另有一大布袋，袋内装千余张写有字的纸牌，由求测者随意拈取，他以字说事，这样更显得灵验。

　　这天，在众人散去后，有一仪表不凡的中年人来求测。他自称是读书人，为朝廷文臣当过幕僚，但自己已看破红尘，想隐居山林当隐士，又想出家当和尚，却遭家人极力反对，他拿不定主张，特来求教。

　　谢石指指布袋说："既如此，那就看天意。请先生随意拣个字，在下以字说话，听天由命。"

　　来人从布袋中拣出一字，谢石一看，是"遮"字。他沉思一番，笑道："先生果然是栋梁之材呀，可与诸葛孔明相提并论啊。可惜在下仅会测字而已，无三国徐庶识人之才，人微言轻，难当伯乐，不能举荐英才，惭愧！惭愧！"

　　来人一头雾水，问道："先生何出此言？"

　　谢石指着"遮"字道："此字'走庶'相合。'庶'字可作三国名士徐庶解，此字乃徐庶走马荐诸葛。正因徐庶向刘备力荐诸葛亮，才有三顾茅庐、隆中对策、三国鼎立这段历史啊。"

　　来人听罢，不以为然，苦笑道："我岂敢与贤相相提并论。在下不求闻达于诸侯，只想隐归山林，可妻儿老母都不应允……"

　　谢石忙改口道："这'遮'字已为你指明去处。"

　　来人问道："何处去？"

　　谢石指着"遮"字道："遮字中的'庶'字，仍指千百万庶民也，走之旁乃指走动走入也。你走入千百万庶民百姓之中，隐姓埋名，被遮挡隐蔽。汴梁熟人多，你不妨举家南迁，找一村镇安家落户，凭你家产和你的学识，何愁生存？这样你既远离官宦之争，又与家人团聚，岂不两全其美？"

　　这番话，打动了来人。他微微点头，似乎拿定了主意。

zhé
折

甲骨文

金文

小篆

折 隶书

折 楷书

用斧头砍断——折

在甲骨文和小篆中，"折"字是个会意字。

在甲骨文中，"折"字的左边像一棵已经被砍断了的树木，右边是一把扬起的斧头，好像正要砍下去的样子。

在金文、小篆中，"折"字的字形基本上没有太大的变化，只是右边的斧头开始向"斤"的字形转变。而"斤"的本义也是"斧头"的意思。所以，"折"的本义"是用斧头把东西砍断"。

在现代汉语中，"折"是一个多音字，它有三个读音。

当它读作"zhé"时，可以表示弄断、弄弯，如骨折、曲折等。也可以引申为"转变方向"，如转折关头；还可以表示损失、折扣的意思，如损兵折将、打折扣。"折"也表示佩服：折服、心折口服。

当"折"读作"shé"时，表示断的意思，如椅子腿折了。折本是赔本的意思。

"折"也可以读轻声"zhē"，常见的词是"折腾"。

隶辨

魏 钟繇 宣示表

唐 欧阳询 皇甫府君碑

接起来还是断——折

爱好谜语的人在一起，无论是制谜面，还是猜谜底，往往是心有灵犀一点通。

南京鼓楼谜语协会的老丁、老黎、老罗几个人，常常到住在东亭巷的老钱家聚会。这几天阴雨连绵，又偏逢东亭巷挖沟铺下水道，小巷泥泞不堪，寸步难行。

这天，几位老友好不容易来到老钱家，坐在阳台上，看楼下工人忙碌着。老丁忍不住问："你们这儿的下水道怎么这么难弄？半个多月了，还不完工？"

老钱叹了口气，说："唉，据说这工程层层转包，轮到这个工程队，缺少工程技术员，买的管子又是伪劣产品，就这么一条下水管道，断一半，接一半，接起来，还是断。唉，还不知什么时候完工呢。"

老钱刚说完，在一旁沉思的老丁说："老钱，你把刚刚说的最后几句话，再说一遍！"说罢，掏出小本儿和圆珠笔就准备记。

老钱说："怎么，又找到好谜面了？"他把刚刚说的，又重复了一遍。

老丁一一记下，朗声读道："各位，一条字谜，请大家猜猜。断一半，接一半，接起来，还是断。猜一个字。"

众人细细思量，过不了一会儿，几乎是异口同声地说："这是个'折'字，对么？"

可不是么，"折"字的右边是"断"字的右半边，左边是"接"字的左半边，连起来是个"折"字。"折"字就是折断呀。把整个意思串连起来，不就是"断一半，接一半，接起来，还是断"么？而且，这个谜语，很符合眼前这件事呀。

昆虫和动物冬眠——蛰

zhé
蛰

金文
小篆
蛰 隶书
蛰 楷书

"蛰"字是个上下结构的形声字兼会意字。下面的"虫"字是形符，表示跟虫儿有关。"蛰"字上面的"执"字读"zhí"，作声符并会意。

"执"字与"虫"字组合，指昆虫等动物冬眠。因是指昆虫等动物冬眠，这和虫儿有关，所以古人用"虫"字作"蛰"字的形符。

古人为什么用"执"字作"蛰"字的声符呢？

甲骨文的"执"字是个会意字。字形像一个跪着的人双手戴着手铐，表示捕捉犯罪之人的意思。金文大致相同，小篆使其整齐化，隶变后的楷书写作"執"，如今简化为"执"。"执"字的本义指捕捉"罪犯"。被捉拿的犯人是不能自由行动的，就像冬眠的动物一样是伏而不动的。正因为此，古人才用"执"字作"蛰"字的声符并会意。

"蛰"字的本义指"动物冬眠"。动物冬眠，潜伏起来不食不动称"蛰伏"。像动物冬眠一样长期躲在一个地方，不出头露面称"蛰居"。

"惊蛰"是二十四节气之一，在每年三月六日前后，此时大地回春，一声惊雷，将冬眠的动物惊醒。

惊"蛰"的景象

每到三月初，春天来临，一声惊雷，将这些蛰伏在泥土中或树洞中的蛇虫都惊醒了，它们纷纷爬出来，这便是中国二十四节气中的"惊蛰"。

"惊蛰"标志着春天的开始，天气变暖，渐有春雷。冬眠动物被雷声惊醒，这时中国大部分地区进入春耕季节。

古人是这样描述"惊蛰"的："二月节，闻惊雷，万物出乎震。震为雷，故曰'惊蛰'，是蛰虫惊而出走矣。"指蛰伏的虫儿纷纷爬出来了。

"惊蛰"曾被称为"启蛰"，因汉朝第六代皇帝为"刘启"，为避讳"启"字而改用意思相近的"惊"字。到了唐代，"启"字已不必避讳，所以又改用"启"字，仍称为"启蛰"。

"春雷响，万物长"，气温回升，雨水增多，这生机勃勃的景象究竟是何等热闹呢？有位作者，曾生动地记叙了他所看到的惊蛰时的景象。

一声惊雷，带来一场春雨。第二天一早，阳光灿烂，老作者沿着山坡信步走去。他在草丛中闻到一股奇异的味儿，说不上芳香，也谈不上甜美，但有股泥土和青草混杂在一起的清凉味儿。这味儿从何而来？他弯腰寻找。这时，从他身后传来一阵阵细微的"吱吱"声，或有泥沙滚落在草地上的"沙沙"声。他四周看看，万籁俱寂，空无一人。他循身轻轻找去，发现一处小土墩表层泥土因雨水浸泡而开裂，里面细小的泥沙滚落下来，一些鲜嫩的草根，也撑破了地表被。这小土墩里像有股热气，好像要从泥土间的小气孔里喷涌出来，要把这小山岗翻个个儿。这开裂的缝儿渐渐扩大，变成了一个狭长的缺口。他蹲下身子细看，从这小缺口里，珍珠似的渗出一滴滴清水，细小的粉红色的蚯蚓及一些不知名的虫儿，仿佛刚经过洗礼，一个个浑身亮晶晶的，争先恐后地、欢快地、连滚带爬地奔向草丛，奔向各自的目标。走了一批，接着从泥土的小孔里，随着晶莹的水珠又爬出来一批，匆匆地奔向自己的天地……

一字一世界

车轮碾过的痕迹——辙

zhé 辙

"辙"字是个左右结构的形声字兼会意字。左边的"车"字作形符，表示跟车子有关。辙字右边的"𢿱"字读"chè"，作声符兼表意。

"车"字与"𢿱"字组合，指车轮碾压后留下的痕迹。因是指车轮碾过留下的痕迹，这跟"车"字有关，所以古人用"车"字作"辙"字的形符。

古人为什么用"𢿱"字作"辙"字的声符呢？

甲骨文和金文的"𢿱"字，是个会意字。字形表示用手拿着盛饭菜的食具，表吃完饭撤去食具之意。金文另加"攴"字，表示手持之意。后来又另加义符"彳"字表示行走之意，以此突出拿走之意。小篆使其整齐化，隶变后的楷书分别写作"𢿱"和"徹"。

"𢿱"只作偏旁，不单用。"徹"字如今简化为"彻"。

凡以"𢿱"字取义的字，都与"通透"等义有关。

"𢿱"字有拆除、撤退、车迹之义，古人为了分化字义，另加双人旁表示"彻底"；另加提手旁表示"撤退"；另加车旁表示"车子的痕迹"。从这个意义上讲，"𢿱"字是"辙"字的本字，是最早的"辙"字。所以古人以"𢿱"字作"辙"字的声符并会意。

楷书的字形由小篆演变而来，写作"轍"，现简化为"辙"。

"辙"字的本义指车轮碾过的"痕迹"，如车子驶过，车轮压出的痕迹称"车辙"。还有覆辙、轨辙、重蹈覆辙、南辕北辙、如出一辙等词语。"辙"字由本义引申指"行车规定的路线方向"。如顺辙儿走、改弦易辙。"辙"字假借指"办法、主意"，如"没辙"指没办法"改辙"指改变主张，又假借指"戏曲、歌曲所押的韵。"如合辙。

辙 小篆

轍 隶书

辙 楷书

"辙"和"合辙"

"辙"字作名词用,指车轮滚过去时压出的痕迹,也指车辙。

有个词叫"合辙"。它有两个意思:一是指戏曲、小调、民谣、儿歌之类读起来押韵、顺口称之为"合辙";第二指若干辆车的车轮在地上轧出来的痕迹相合,比喻一致。

南宋时期有位理学家名叫朱熹,江西婺源人。他十八岁中进士。他的学说被视为理学正宗,对后世影响很大。

朱熹在他所著的《中庸·或问》一书中提到"闭门造车"这一成语时是这样说的:"古语所谓闭门造车"chē",出门合辙,盖言其法之同也。"

朱熹这段话告诉我们两件事情:一是这是句古话。朱熹距今近八百年,他那时就认为这是句古话,可见这话距今至少有一千多年了;第二,这使我们明白,"闭门造车"这句话不完整,只是前半句,后面还有半句"出门合辙"。"辙",指车轮轧的痕迹。这话完整的意思是:按照统一规格,即使关起门制造车辆,出了门使用时,也能和路上的车辙完全相合。为什么关起门来造的车子也能和门外路上车痕合辙呢?这是因为都是按一定尺寸、一定规格、一定标准造出来的,所以才称之为"闭门造车,出门合辙"。

我们现在所用的"闭门造车",局限于比喻只凭主观想象办事,不管是否符合实际,就像关起门来凭想像造车子,而不考虑到门外大路上是否能走。这是个贬义词,批评主观臆"yì"断,不深入调查研究。而古语所说的"闭门造车",是称赞"出门合辙"的精巧,这是个褒义词。

话又说回来,从实际使用效果看,单独使用"闭门造车"也未尝不可,作为贬义词,批评主观臆断,不联系实际,也显得很生动贴切。而按古语所说,车子"合辙"与否,跟造车时闭门还是开门毫不相关,因为只要有一个统一尺寸就行了。

一字一世界

架起木柴在燃烧——者

zhě 者

甲骨文
金文
小篆
者 隶书
者 楷书

对"者"字字形和字义的分析，专家们的说法不一，各执一词。

有人认为，甲骨文的"者"字是个会意字。上面是架起的木柴，下面是火，上面不少小点子，象征火星，其意指正在燃火、烧柴禾，表示"燃烧"，此为本义。这个"者"字就是"燃着"的"着"字的本字。我们常说"着火了"，就是这个"着"，而它原本就是"者"。"者"字后来被借作他用，燃烧之义就用"箸"来表示，后又写作"著"，最后演变为如今的"着"。

也有人认为，金文的"者"字是个会意字。上面像火烧木柴，下面是"口"字，或者是"甘"，表示在煮东西，本义是"烹煮"。"者"字是"煮"字的本字。"者"字借作它用后，古人才另造"煮"字来代替烹煮之义。

还有人认为，金文和小篆的"者"字是会意字。上部分的字形是"尞"字简省的写法，像燃烧。因烧柴有火光，便有明了的意思，就引申表示识别。下部金文作"甘"，小篆变成"口"，楷书写作"曰"，有人认为"者"字是识别事物的词。隶变后楷书写作"者"。

综合起来看，"者"字的本义指"燃烧"，原是用作区别事物的词。在古籍中主要作代词用，指代人、事、事物、时间、原因、数量等。又虚化作助词用，如读者、作者、患者、智者、两者、强者、使者、贤者、学者、当局者等。

"者"字也作姓氏用。

王老"者"一身土气

文人相轻，自古而然。相传，民国年间，无锡城南有位姓王的老者，以善作对联而闻名。城北江阴巷有位姓朱的教书先生，颇不以为然，总想找个机会，与王老者较量一下，决个高低，看谁是锡城对联第一人。

这年春节，无锡《锡报》报馆老板在聚丰园摆下宴席，请来锡城众多文人雅士聚会，王老者与朱先生都在受邀之列。

名流相聚，欢声笑语，济济一堂。朱先生初见王老者，见他土头土脑，其貌不扬，更加看不起他。朱先生自报家门后，当着众人，以开玩笑的口吻对王老者说："久闻王老大名，今日幸会，开个玩笑，我出个上联，王老能否赏脸，赐个下联？"

王老者笑道："助助雅兴，有何不可？请赐上联。"

朱先生吟道：

王老者一身土气

王老者听后，知道朱先生来者不善，以"王""老""者"三字的字形中都含有一"土"字，借此讥讽他"一身土气"。他略加思索，立即反唇相讥：

朱先生半截牛形

这下联借"朱""先""生"三字中都有"牛"字，暗指他"半截牛形"。"半截牛形"这四个字，含义可就复杂啦，既可说他牛头不对马嘴，也可说他牛气冲天，气势逼人，或者说他是牛头马面，面目可憎，还可以说今日相对是牛刀小试，日后再作比试。总之是，朱先生讨了个没趣，还被众人看作是欠教养，对长者不敬。

用火具来占卜——贞

zhēn
贞

甲骨文
金文
小篆
隶书
楷书

"贞"字是一个会意字,上面是"卜",下面是"贝"。甲骨文作"鼎",后省略改为"贝"。也有人认为不是简化,而是后人误写而成"贝"的。

"鼎"本是食器,这里表示火具,就是用火具来占卜,以判断凶吉。所以"贞"的本义是"占卜",如古人灼龟甲来占卜称为"贞龟"。

有些学者不同意这种说法。他们认为,甲骨文的"贞"字很像古代青铜器"鼎"的形状。因为古代常借用"鼎"字作为"贞"字用,所以"贞"字有了"鼎"字的字形。后来"贞"字又在"鼎"字上加了个"卜"字,而"鼎"字和"贝"字形体相近,这样"贞"字就成了"鼎"上有个"卜"。这上面"卜"表示意义,下面由"鼎"变化而来的"贝"字表示读音。这样,"贞"字就成了个形声字,用来表示占卜、卜问的意思。所以甲骨文中把占卜的人称为"贞人"。在古人眼内,这些占卜的人都是品行端正的人,所以"贞"字又引申为"言行一致,端正"。在封建社会里,人们把死了丈夫而守节的妇女称为贞女,要为她树贞节坊。这里的"贞"就是品行端正,忠贞不屈。

"贞"字有坚硬、坚固的意思,如贞木是指坚硬耐寒,经严冬而不凋的树木。

"贞"还表示忠心、真诚的意思,如忠贞、贞臣。

"贞"用作名词时可以表示碑石,如贞碑,是碑石的美称。

与上人——贞

中国历史上有个南朝。南朝有个皇帝叫梁武帝,这人信佛,对僧侣特别尊重。

这天,南阳太守李余光受理了一起田产诉讼案,一方是僧侣,一方是富豪。李太守不敢得罪任何一方,便将案情上报,呈请皇上御断。

几天后,案卷发回来了,皇帝在上面只批了一个"贞"字。

李太守揣摸不出是什么意思,就去向别人请教,结果没有一个人能说得上来。后来,有人给他出了个主意,让他去找国子监博士刘显,说他最能解疑释难。

太守找到刘显,说明了来意。刘显略一思索,脱口说:"拆开'贞'字,便是'与上人'。皇上是要你把田产判给僧侣。"

"上人"是梁武帝对僧侣的尊称。李余光细细想想,对啊,这"贞"字拆开一笔一划地分析,最上面三笔是个"上"字,当中的"贝"字上半段可算个"与"字,最后两笔可作"人"字看,合起来就是"与上人"。既然皇上说了,他便秉承御断,把田产判给了僧侣。

zhēn
珍

甲骨文

小篆

珍
隶书

珍
楷书

宝贵的东西——珍

甲骨文的"珍"字是个会意字,像贝壳里藏有珍珠。珍珠属宝物,十分珍贵,以此来会意是宝物。

小篆的"珍"字由甲骨文演变而来,但已有了较大的变化,成了个左右结构的形声字兼会意字。左边的"王"字属"斜玉旁"作形符,表示跟玉之类的宝物有关。右边的"㐱"字读"zhěn",作声符并会意。

"斜玉旁"的"王"字与"㐱"字组合,指"宝贵之物"。玉,属宝贵之物,所以古人用"斜玉旁"作形符。

古人为什么用"㐱"字作"珍"字的声符呢?

甲骨文、金文和小篆的"㐱"字都是会意字。由"人"字和"彡"字组合。"彡"字读"shān",在古代有毛发之意。与"人"字组合,指人细软浓密的长发披垂之意,本义指"细软浓密而黑的头发"。古人向来有身体发肤受之父母,视为珍贵,不敢毁伤之说,所以"珍"字用"㐱"字作声符并会意。

楷书的字形由小篆演变而来,写作"珍"。

"珍"字的本义指"宝物",如珍宝、奇珍异宝、珍珠、珍玩、如数家珍。

"珍"字由本义引申指"贵重的、稀有的",如贵重而不易获得的书籍称"珍本",珍贵的物品称"珍品",珍贵而奇异之物称"珍奇"。还有珍禽、珍闻、珍异等词。"珍"字假借指精美的食品,如山珍海味。珍奇贵重的食物称"珍馐(xiū)",也称"珍羞(xiū)"。

"珍"字由本义又假借指"看重",如珍爱、珍藏、珍视、珍重、珍惜等。

"珍"字也作姓氏用。

内藏玛瑙"珍"珠

北宋大文学家苏东坡，同时他也是位思想家、政治家。苏东坡的好友佛印和尚，本是镇江金山寺高僧，他常到杭州看望苏东坡。每次来，苏东坡都雇条游船，带上美酒和时鲜果品，泛舟湖上，促膝谈心，以排解心中的烦闷与担忧。

这天，两人坐在船上，任由船儿在湖上闲荡。时近中午，船娘摆出几碟菜和一瓶酒，两人便对饮起来。苏东坡见一盘切开的咸鸭蛋，每块切成小船儿的模样，里面蛋清雪白粉嫩，蛋黄黄里透红，油光闪亮，苏东坡当即出一上联：

剖开舟两叶，内储黄金白玉。

佛印和尚正在思索下联，一时找不到好词。船娘进来，递上一盘水果，其中有一堆石榴皮和半个带籽儿的大石榴。他立马对出了下联：

打破坛一个，内藏玛瑙珍珠。

佛印和尚这下联，对得工巧严整。"玛瑙珍珠"四字，恰如其分地描绘了石榴籽儿的形状与特色，令人看了馋涎欲滴。

苏东坡见盘中还有几段切好的藕，略有所思。他喝了口酒，长叹一声，吟道：

藕入泥中，五管通地理。

佛印和尚见苏东坡神情有所波动，似乎又想到了官场中的种种纷争。他见舱外荷花盛开，也有些感慨，随口吟道：

荷出水面，朱笔点天文。

苏东坡听了，微微点头。两位好友，频频干杯喝闷酒，不再言语。他俩都是上通天文，下知地理的大家，是否又为人间事烦心而借酒消愁呢？不得而知。

得道升天的 真 人

zhēn 真

金文
小篆
隶书
楷书

甲骨文和金文的"真"字是会意字，上面是"卜"字，下面是"鼎"字。"鼎"字是炊具，代表火。用火烤龟甲占卜凶吉，以示真伪。

小篆的"真"字由四部分组成。上面是"匕"，这是最早的"化"字。当中是"目"字，表示眼睛。"目"字下面是"一"字和"八"字。"一""八"合并表示仙人登天乘坐的器具。这四个部分综合起来，表示一个得道升天的人，如真人、太乙真人、玉鼎真人。

"真"字由本义引申指"客观存在的、真实的"，跟"假"相对。如真谛、真迹、真理、真空、真相、真凭实据、真相大白、货真价实。

"真"字假借指"人的肖像或事物的形象"，如真影、逼真、写真、传真、失真。

"真"字又假借指"诚实"，如真诚、真情、真品、率真、真心、真意、真挚、天真、真心诚意。

"真"字作书面语用时表示本性、原本，如返璞归真。

"真"字由以上意思，又引申指"确实、的确"，如真美、真话、真假、真正、当真、顶真、认真、千真万确。

"真"字还假借指"清楚、明白"，如真切、看得真、听得真、真知灼见。

"真"字还指真书，即我们常说的楷书，如真草隶篆。

"真"字也作姓氏用。

"真"字的立足点

　　山东济南有个小伙子，名叫刘虎。刘虎是公交车驾驶员，为人性格豪爽，好打抱不平。他与人打架不下数十次，但大多是路见不平，见义勇为，有时还受到表扬呢。

　　这次打架，他可惹上了麻烦了。事情的起因很简单。他开车至无影山站时，上来一个中年人。不知怎的，这人上车后，跟一个女孩子为抢座位发生争执，继而两人撕扯起来。刘虎停下车去劝架，一见这中年人揪住女孩不放，他气不打一处来，一拳打过去，直打得这人鼻孔流血，连喊救命。

　　事后，当地派出所来处理这事。李所长认识刘虎。他仔细听刘虎讲了事情的经过，问："你当时是怎么想的？"

　　刘虎说："我当时真是气不过，我是真心打抱不平，想教训教训那家伙！"

　　李所长说："你很生气是真，打抱不平有点儿掺假吧？"

　　这话真是戳到刘虎的心灵深处。此话怎讲？原来，这挨了一拳的中年人，半年前曾为了是否自动投币的事，与刘虎发生过一次争执。那件事也在李所长这儿处理的。结果刘虎理亏，挨领导批评，还被扣了奖金。今日刘虎一见是他，便忍不住给了他一拳。

　　李所长记性好，还记得这件事。他随手在本子上写了个"真"字说："你口口声声说你是真心。你瞧这'真'字，上面是个'直'字，下面有两点。这两点可很重要啊，它们是'真'字的立足点。'真'字的立足点是什么？一是'正'，二是'直'啊。今天这事，你扪心自问，你有这两个立足点吗？我能相信你是真心的吗？"

　　一席话，说得刘虎低下了头。

坚硬的木材——桢

zhēn
桢

桢 小篆

楨 隶书

桢 楷书

"桢"字是个左右结构的形声字兼会意字。左边的"木"字作形符，表示跟树木或木料有关。右边的"贞"字读"zhēn"，作声符并会意。

"木"字和"贞"字组合，指"一种坚硬的木材"。因指的是坚硬的木材，这跟"木"有关，所以古人用"木"字作"桢"字的形符。

古人为什么用"贞"字作"桢"字的声符呢？

小篆的"贞"字是个上下结构的形声字兼会意字。"贞"字由上面的"卜"和下面的"贝"字组成。"卜"为形符，表示跟占卜有关。下面的"贝"字实为"鼎"字，作声符。古代"贝"与"鼎"相似，小篆将"鼎"当作"贝"。这两个字组合在一起，意为在鼎上烧龟甲占卜。而鼎为传国之宝象征吉祥、端正不阿、坚定不移，所以人们用"贞"字指女子守身未嫁从一夫而终。良臣有操守、坚贞不屈为忠臣。而"桢"这种木材坚硬、不弯曲，所以古人用"贞"字作桢字的声符并表意。

楷书的字形由小篆演变而来，写作"楨"，后简化为"桢"。

"桢"字的本义指"坚硬的木材"。

"桢"字由本义引申指"女贞"。"女贞"是树木名称，俗名"冬青树"，属常绿灌木，木质坚硬。古代筑墙，两边用坚硬的木柱夹起来。这两根木柱由冬青树木制成，对新筑的墙来说，起着夹持、夹紧和支撑作用，所以含有"骨干"的意思，所以古人将此称为"桢干"。"桢干"一词，用来比喻能担当重任的人材，如国家"桢干"，相当于"国家栋梁"。

"桢"字也作姓氏用。

宰相之体必高中——桢

清朝康熙年间,苏州吴中有位才子名叫吴廷桢。此人淡泊名利,致力于著书立说和诗歌创作。流传到今的学术名著《佩文韵府》、《月令辑要》都是他的杰作。他称得上是位大学问家。

这里讲个吴廷桢参加科考前的测字故事。

却说吴廷桢考中秀才后,经常和一帮同窗好友相聚。在这群秀才中,有个名叫刘小六的木渎人。此人很聪明,好讲义气。他因做枪手替朋友考秀才而吃了官司。这次乡试后,正巧测字名家程省来到苏州,刘小六带头去请程省测个字,看考后名次如何。吴廷桢对此不感兴趣,没去。

众人来到程省住处,刘小六头一个求测。程省递个字袋让他摸个字。刘小六摸出的是"投"字。程省说:"依'投'字而论,你此次只能排在第三、第四等。"刘小六不服气:"我往常都是二等、三等,这次怎会排在末等?"

程省道:"你这'投'字是'打'字与'股'字之半。秀才打屁股,不是四等还是什么?"

众人哄堂大笑。刘小六提笔写了个"桢"字说:"你再测测这个字,看这次能否高中。"

程省看着'桢'字,端详了一番,果断地说:"这个字有宰相之体,别说这次乡试,就是春闱殿试,也必定高中。"

刘小六追问:"先生何出此言?"

程省分析道:"'桢'字乃'极'字头,'贵'字尾。按字形说,"桢"字左'木'右'贞',而'贞'字里有'目'字形。'木'与'目'相合为'相',故有宰相之体。按字义说,桢指坚实的木头,也指打土墙所立的木桩。立在两端为'桢',中间为'干',比喻能胜重任的人。故此字有极贵之相。我以字说事,诸位不信,就看明年吧!"

有人问刘小六:"你为何测'桢'字?"

刘小六悄悄说:"吴廷桢不肯来,我顺便给他测个'桢'字。"

众人都"啊"地一声,不再多说了。

达到完善的地步——臻

zhēn
臻

金文

篆
小篆

臻
隶书

臻
楷书

在三千七百多年前的商朝，汉字已有三千多个，在当时已经够用了。据现在收集到的大量甲骨文碎片分析，商代甲骨文可读的字共1006个。其中象形的550个，会意的100个，形声的345个，指事、转注及假借的字很少。周朝以后，新造的字多数是用形声法来创造的。东汉的《说文解字》所录：形声字769个，会意字1167个，象形字364个，指事字125个。清朝的《康熙字典》收47000多字，形声字约占百分之九十。对汉字的研究，以对字形的研究最有成果。

古代的"臻"字，是个左右结构的形声字。左边的"至"字是形符，右边的"秦"字是声符。对于形声字的声符，因时代变化，人们的发音已与当初造字时大不相同，所以形声字的声符读音，已不能完全按现在的标准音去读了。

古代甲骨文和小篆的"至"字是个会意字。由倒过来的"矢"字和"一"字组成。上面是一支倒过来的箭，下面的一横表示地面，指箭从远处射来，降至眼前的地面上，这就有到达的意思。"至"字的本义指"到达，至此为止"。在"臻"字中，它也表示这层意思。

"臻"字的本义指"达到"，如日臻完善，也就是一天天达到完善的地步。渐臻佳境，也就是逐渐进入美好的境地。

"臻"字作为书面语，表示"来到"，如百福并臻。

"臻"字也作姓氏用。

欢迎来到秦家娶秦"臻"

秦教授是一位文字学专家。他带的研究生徐家龙是他的得意门生。徐家龙来自苏北水乡,在秦教授的指导下,正在研究"幼儿认读"这个课题。

学前儿童,该不该进行识字教学?对此,仁者智者,各有见解。为了掌握第一手资料,徐家龙深入幼儿园作调查。这样一来二去,他跟秦教授的独生女儿秦臻,擦燃了爱情火花。不过,这美丽的火花亮了没多久,便渐渐黯淡了。

秦臻是幼儿园老师,活泼开朗,能歌善舞,这么一个时尚的姑娘,怎会爱上老实巴交的苏北土老冒?正当人们惊叹时,徐家龙到秦家的次数减少了。现在干脆不去了。

究其原因,出在秦臻一句笑话上:"家龙,我妈要你当上门女婿,肯啵?"徐家龙当真了。他虽有弟兄俩,但认为倒插门入赘女方家,总不是件光彩事。他犹豫了。秦臻呢,见他这么保守,也生气了,两下里渐渐疏远了。秦教授从女儿处得知内情,淡淡一笑,说:"他会上门来找你的!"

果然,徐家龙经过一番思考,觉得自己为入赘的事而放弃爱情,真是愚蠢可笑。他主动上门找秦臻,承认自己的不是。秦教授留他吃饭。饭间,他半开玩笑地说:"欢迎你来到秦家娶秦臻。你这次的到来,是使事情日臻完美啊。"

徐家龙一听,秦教授话中有话,"来到秦家",是个"臻"字啊。他坦率地说:"我的观念有问题。其实,小秦说的那事儿,有什么大不了的呢?按民间传说,秦姓与徐姓,都是由'三''人''禾'三字组成,本是一家人啊。"

秦教授指着徐家龙说:"你是徐家的龙,也是秦家的龙啊!"

徐家龙听了,一愣。秦教授笑道:"秦家的乘龙快婿呀!"

这一说,小餐厅里顿时响起哈哈的笑声。

传说中的毒鸟——鸩

zhèn
鸩

鸩 小篆

鸩 隶书

鸩 楷书

　　古代的"鸩"字是个左右结构的形声字。

　　"鸩"字左边的"冘"字读"yín"，作声符。右边的"鸟"字作形符，表示跟鸟类有关。"冘"字与"鸟"字组合，指一种传说中的毒鸟。

　　"冘"字在金文和小篆中是个会意字。从金文"沈"字的偏旁看，字形像人挑担子，表示人挑着担子长途行走的意思。隶变后的楷书写作"冘"。本义为"挑担长行"。引申指"担子、长久"和"沉重"等意思。也有"深厚"和"深沉"之义。现"冘"字不单用，只作偏旁用。凡从"冘"字取义的字都与担、重、长久等义有关。以"冘"字作声符兼义符的字有沈、忱、枕、耽等字。

　　以"冘"字作声符的字只有"鸩"。"冘"与"鸟"组合，看不出有什么可解读之处，用"冘"作"鸩"字的声符，只是取其读音而已。

　　"鸩"字的本义指"传说中的一种毒鸟"。人们所熟知的成语"饮鸩止渴"，指毒鸟的羽毛浸过的酒能毒死人，有人以此制作害人的毒酒。喝毒酒解渴，比喻只顾解决暂时的困难，而不考虑严重的后果。

"鸩"鸟和"饮鸩止渴"

"鸩"字是传说中的一种有毒的鸟,用它的羽毛浸泡的酒,喝了能毒死人,所以人们把这种酒称为毒酒。成语"饮鸩止渴",就是指喝毒酒来解渴,比喻只图解决一时的困难而不考虑严重的后果。

人们在使用这个成语时,往往有两个误区。一是把"鸩"字写成"鸠"字。"鸠"读"jiū",那是外形像鸽子的一类鸟,常见的有"斑鸠"。二是把"鸩"当作一种毒酒来理解,其实它是只鸟,不是毒酒的名称。这个成语里的酒是利用鸩的毒性跟酒配制而成的有毒的酒。

"鸩"又名"同力鸟",一般人很少见到。据见过的人描述,"鸩"全身是黑色羽毛,两眼红色,脚爪有三趾,羽毛和粪便中含有极大的毒性。若把羽毛放在酒里浸泡一段时间,这种酒就变成了无色无味却又其毒无比的毒酒,名为"鸩酒"。

"鸩酒"在史书上常有记载。宫廷内血腥谋杀,往往不用动刀动剑,只要赐一杯鸩酒就行了。

"鸩"鸟生活在蛇蝎出没的南方深山野林里,不易被看到,更难捉到。因其有剧毒,常被人当作谋杀的手段,所以历朝历代,都不许将产于南方的鸩带过长江。据说,西晋有位在南方当刺史的官员,退休回北方时,友人送了只幼鸩给他。他带回洛阳,被人发觉后,向朝廷举报,此人不得不将幼鸩交出,当众烧死。

"饮鸩止渴"这一成语,出自《后汉书》。东汉年间,有位少年名叫霍谞"xū",他舅舅宋光被仇家诬告,说他私改皇帝的诏书,宋光被关进大牢,受到严刑逼供。霍谞勇敢地为舅舅辩护。他给审理此案的将军梁商写了封辩护书,有理有据地摆事实,讲道理。他写道:宋光出自仕宦之家,身据高位,与皇上时有往来。即使对皇帝的诏书有不同看法,他完全可以向皇上当面陈情,或采取光明正大的方法来解决,怎么可能冒死罪来修改诏书呢?何况,这份诏书与他个人利害毫不相干,他又怎会去修改呢?这就像喝鸩酒来止渴一样,他怎么会干这种傻事呢?这番话打动了梁商,梁商就将宋光放了出来。由此,"饮鸩止渴"这一成语便流行开来。

第一人称代词——朕

zhèn
朕

甲骨文

金文

小篆

朕 隶书

朕 楷书

甲骨文和金文的"朕"字是个会意字。字形像双手持细棍子在填塞船缝。小篆的字形有所变化,好像双手持火把在填船缝,表示嵌入船缝的一些材料需用火加热或熔化才能嵌得牢。

船缝的裂纹与龟甲的裂纹有相似之处,而龟甲的裂纹有形迹可预料之义,这就是先兆。它能预示未来,好像这先兆与龟甲或船缝的裂纹有必然的联系。隶变后的楷书写作"朕",表示月亮的阴晴圆缺与事物的变化有关。这样"朕"字就由船缝的缝隙之义引申指"跟龟甲的裂纹相联系",变成有预兆之义,进而借用为第一人称代词,表示"我的"和"我"。

古时候,不管富贵贫贱,还是高官平民,都自称"我"为"朕"。从秦始皇开始,"朕"字只能是皇帝的自称,其他人用就有杀头之罪了。

《现代汉语词典》对"朕"字的解释有两条。一是指"朕"作人称代词,秦以前指"我的"或"我",自秦始皇起,专用作皇帝的自称。第二条:"朕"作书面语,表示先兆、预兆,如朕兆,即兆头、预兆。

如此看来,"朕"字的发展过程,确实与当初弄船缝有关,然后由船缝的裂纹跟龟甲的裂纹挂钩,联系上预兆之神力,进而便是表示"我的""朕"了。

与"朕"是老友

却说乾隆三下江南时,到了苏州城外一古镇。这古镇属风景名胜,正逢春日,游人如织。古镇有一八方桥,站桥上可看四面八方。乾隆登上桥头,见四处田野开阔、河流纵横,水乡景色,美不胜收。他诗兴大发,信口吟道:

八方桥上看八方,八方八方八八方。

乾隆吟罢,见跟随的几位臣子无人应答。其实这诗不像诗,对联不像对联的句子,也着实让人难以应对。几位臣子正尴尬,只听桥下有人应道:

石阶台下见万岁,万岁万岁万万岁。

众人听了,吓得不轻。乾隆细看,见一衣衫破烂,浪迹江湖的老者,正从桥墩一门洞里钻将出来,对乾隆叩拜道:"圣上巡游到此,因我衣衫不整,怕惊动圣驾,故躲到桥下。因听圣上作诗,有感而发,随口应对,冒昧献丑,万望圣上开恩怒罪!"

这时,几位臣子附和道:"此乃圣主遇贤才,真是天意啊!"

乾隆也许被他那句"万岁万岁万万岁"感动了,当即要这老者跟他回城,封他个官儿。老者态度诚恳而坚决,谢恩推辞,说自己年老,不善作官,也不愿做官。乾隆要赏他银两,他也一再谢绝。乾隆奇怪地问:"你既不愿封官,也不要金银,你究竟要什么?"

老者叩头谢恩道:"老叟来日无多,只愿云游天下,行走四方,饱览大好河山!"

乾隆听罢,令人找来笔墨,将手中白玉折扇展开,在扇面上画有青龙图案的空白处,题诗一首:

江南一老叟,与朕是老友,封官官不做,封金金不收。
平生一宏愿,独自天下遊,逢府府官接,入县县令留。
住宿三餐饭,其他无所求。有谁大不敬,朕就割他头。

南 征 北 战

zhēng
征

𢓊 甲骨文

征 金文

𨑠 小篆

征 隶书

征 楷书

　　古代的"征"字，是个形声字兼会意字。以双人旁"彳"字作形符，表示跟行走及道路有关，以"正"字作声符，读"zhèng"。两形合一，表示出兵攻打、讨伐。

　　古人为什么用"正"字作"征"字的声符呢？因为"正"字下面的"止"字是脚趾的形状，表示用脚走路，这种行走有征战行军的意思。所以"征"字用"正"字作声符并会意。

　　也有学者认为，"正"字的本义就是"攻打、讨伐"，它是"征"字本字。后来为了区别于"正"字"正中、正直"这层意思，才在"正"字左边加个双人旁另造了个"征"字，来表示"攻打、讨伐"。

　　"征"字的本义指"讨伐"。用武力使其屈服称"征服"，出征打仗称"征战"；随军出征为"从征"；帝王亲自出征称"亲征"。征伐、征讨、南征北战都是这个意思。

　　"征"字由本义引申指"远行"，多用来指军队。远行的路途称"征途"，也称"征程"，远行的船称"征帆"；军人穿的衣服称"征衣"；长途行军打仗称"长征"；远行出征为"远征"；远行守卫边疆称"征戍（shù）"。

　　"征"字也作繁体字"徵"字的简体字，用来指"政府召集或征用"，如征兵、征粮、征购、征税、征召、应征、横征暴敛（liǎn）。

　　"征"字也假借指"寻求、找请"，如征求、征文、征聘、征询、征订、征发、征婚。

　　"征"字还假借指"证明、验证"，如旁征博引、信而有征。

　　"征"字还假借指"表露出迹象、现象"，如征候、征象、特征、象征、征兆。

吴三桂征粮——征

　　明朝末年，当李自成的起义军杀奔北京时，不少大臣已经向起义军投降了。崇祯皇帝身边已无兵无将，成了孤家寡人。他只得调驻守在东北宁远的辽东总兵吴三桂进京，希望他来保驾，吴三桂成了举足轻重的关键人物。但此人变化无常，他见大明江山气数已尽，也有了谋反之心，正在举棋不定，等待时机。

　　俗话说，兵马未动，粮草先行。要起兵谋反，就得筹足军饷和粮草。为此，吴三桂就派出两名心腹，到山东向布政司所属粮钱储库去借粮饷。当时在此任布政使的人名叫莫天彦，此人做事谨小慎微，相信测字算命。他认为吴三桂来借粮饷是件大事，得看看天意。他听说测字名家周亮工在泰安，便带了师爷，连夜乘马车，从济南赶去见周亮工。一路上，莫天彦跟师爷商量，该测个什么字才能测准吉凶呢？

　　师爷说："吴总兵派人来口口声声说是借粮饷，他实为征粮啊。我看就测个'征'字吧。"

　　莫天彦认为此话有理。当二人见到周亮工时，说明来意。周亮工平静地说："既如此，请二位大人命字吧。"

　　莫天彦提笔写了个"征"字递过去。周亮工看看二人，指着"征"字说："'征'字左为双人旁，正是指二位大人星夜急行而来，可见事关重大。双人旁为'行'字之半，二位大人此行可到此为止，将借粮饷一事搁置一边，不必理会。"

　　莫天彦不解地问："先生此说，道理何在？"

　　周亮工指着"征"字右侧的"正"字说："吴总兵来借粮饷，万不可借。你看这'正'字，看起来是个'王'字，只是中间不太像，这说明'王'心已乱，借后必有不祥。"

　　师爷追问："先生所说'王'心已乱是指……"

　　周亮工反问道："今日已称王者和想称王者，谁不心乱？未称王者称'借粮'，称王者称'征粮'。'征''借'有别，均在征候未到啊。"

　　莫天彦二人听了，心领神会，付了一大把银子，赶回济南去了。

瞪眼怒视——睁

"睁"字是个左右结构的形声字兼会意字。左边的"目"字作形符,表示跟眼睛有关。"睁"字右边的"争"字读"zhēng",这是"挣"字简省的写法,实际上是"挣"字。

"挣"字与"目"字组合,指两眼瞪得圆圆的,怒目而视。因是指"怒目而视",这跟眼睛有关,所以古人用"目"字作"睁"字的形符。

古人为什么用"挣"字作"睁"字的声符呢?

古代的"挣"字的本义指"用力支撑",表示用力使自己摆脱束缚。当一个人愤怒时,会不由自主地用力将自己的眼睛张大,把眼皮撑开,怒视着对方,这里有用力支撑之义,所以古人用"挣"字作"睁"字的声符并会意。

楷书的字形由小篆演变而来,写作"睁"。"睁"字的本义指"瞪眼怒视"。"睁"字由本义引申"张开眼睛"。常用的词是"睁眼",如风沙大,眼睛睁不开。

"睁眼瞎"比喻不识字的文盲。

"睁只眼,闭只眼",指看见装着没看见。比喻对出现的问题容忍迁就,不加干预。

天"睁"眼

却说明朝万历年间,安徽繁昌县有位举人,名叫刘天地。他在本省当了两年县官,后来调到福建一个山区当县令,一呆又是三年,几年县官下来,告老还乡,安享天年。

据说,在刘县令告老之前,就常有车船从福建运回木材等建筑材料。家里弟兄四处张罗,在城南买了块好地皮,大兴土木,建造家宅。一年工夫,宅第造好,前后花园建有亭台楼阁,外加四时不谢之花,八节长青之草,那真是应有尽有。

待到刘县令全家返回繁昌时,装载的马车十余辆,几乎堵塞了半条街。据说,刘县令是半夜偷偷溜走的,因为当地百姓准备夹道阻拦他,要他留下这些年来所搜刮的民脂民膏。

刘天地带着一妻两妾回到家乡,住进豪宅,大宴宾客,以此荣宗耀祖。地方官员及县城豪绅都上门庆贺,所送的对联匾额堆了一桌子。当天,还有两位远道而来的客人,特地送上一副精致的木盒,里面也是一副对联。客人因为要赶路,匆匆告辞了。

家人将所有对联贺词都挂到客厅墙上,其中那副外地客人送的对联,高挂在客堂正上方,引来众人的惊奇与耻笑。联语是:

> 三妻无子天睁眼
> 一世为官地刮皮
> 横批是:留天不留地

这副对联辛辣地讽刺了刘天地为官一方时,穷凶极恶地盘剥百姓,当官一世,刮地三尺。但人在做,天在看,老天爷把人的恶行看在眼里。人常说,好有好报,恶有恶报,刘天地虽有三妻却无一子,绝了后代,这也是他的报应。

对联中"天睁眼"三字,充满了愤恨,发出了刻薄的诅咒。

这副对联的横批也很有意思。借"刘天地"的名字与"留天不留地"谐音,嘲笑他:为何不留地?因为地皮都被他刮光了。

有人说,这副对联是福建县城的秀才们送来的。

竹制的拨弦乐器——筝

zhēng 筝

"筝"字是个上下结构的形声字兼会意字。上面的竹字头是形符，表示跟竹子有关，下面的"争"字是声符，读"zhēng"。这两个字形组合在一起，指一种用竹子做的弹拨乐器。

因为"筝"是用竹子做的，所以用"竹"字作形符。

古人为什么用"争"字作"筝"字的声符呢？古代的"争"字像两手在争夺一物，而人在弹奏筝时，双手在弦上不停地拨弄，发出音乐声，似有争抢之意，所以古人用"争"字作"筝"字的声符并会意。

"筝"字在隶变后楷书写作"筝"。

"筝"字的本义指"古代竹制拨弦乐器"，战国时期流行于秦地，所以又名为"秦筝"。

"筝"字，现在一般称为"古筝"。

"筝"字由拨弦乐器，假借指一种玩具，这就是"风筝"。这种玩具，用竹子做骨架，上面糊纸或绢，牵线可以在高空放飞。风筝上装上哨子，也可装上弓弦，在高空会迎着风发出响声。

筝 小篆

筝 隶书

筝 楷书

蓝天的大风"筝"

阳春三月，梁溪谜语研究会的几位老朋友外出踏青。他们带着茶水、糕点、折叠椅，来到远郊太湖边，在一片草地上停下，喝茶聊天晒太阳。

这儿静悄悄的，除了远处几个孩子放风筝发出阵阵欢笑声，只有枝头鸟儿在唱和。

周其良见远处几只风筝越飞越高，说："它们各不相让，相互比高低哩。"

赵纪方说："周兄，这两句都是字谜啊。竹字头可看作'个个'，加上下面'争'字，就是'个个争'。'个个争输赢'和'各不相让'谜底就是'筝'。"

王林生说："还有个'争取得上等'稍微深奥些。'上等'即'等'字之上。'争'字取得'竹'字，扣为'筝'……"

众人谈得热烈，老马却盯着远处放风筝的孩子出神。没等别人问，他触景生情，讲起童年在苏北时，跟小伙伴们放风筝的事儿来。

儿时的春天，最快乐的是放风筝。父亲从江南带回一只小风筝，模样像蝴蝶，前面有两只眼睛，眼珠子会随风滚动。我是伙伴们的小头儿，我指挥他们放飞、拉线、奔跑。可事有不巧，轮到一位叫长富的伙伴牵线时，他没看准风向，风筝被风吹得挂到树梢上，他用力一扯，线断了，风筝插在树杈里。为这事，大家很扫兴，长富也很难过。我母亲知道了，说："不要怪人家，再做一个。"她将我父亲一件旧绸衫拆了，帮我们糊了个新风筝。长富跟几个小伙伴，将家里的鱼网拆开，抽出的线有几十丈长。就这样，我们的风筝又上天了。这风筝大，一个人拉不动，小伙伴们齐用力，那风筝越飞越高，好像挣扎着要飞向它想去的地方……

老马感慨道：俗话说，触景生情，睹物思人。看到眼前景象，想到儿时玩伴，我又想起儿时那份真情……一字一世界啊。一个风筝的'筝'字，又把我带回童年时代。这还使我想到，'风筝'之'筝'，又何必假借'古筝'之'筝'呢？风筝以竹子为骨，放飞时它力争高飞，想挣扎离开，这何尝不是一个上下结构的形声字兼会意字呢？

zhēng
蒸

麻杆烧火热气蒸人

　　金文的"蒸"字是个上下结构的形声字兼会意字。上面的草字头为形符,表示跟草木有关。下面的"烝"字读"chēng",作声符。这两个字形组合在一起,指"引火用的麻梗"。因"麻"是草本植物,所以"蒸"字用草字头作形符。

　　古人为什么用"烝"字作"蒸"字的声符呢？因为"烝"字本是"蒸"字的古字,它就是最早的"蒸"字,有火气、热气上升的意思。当麻梗被火点燃时,烧出来的火气热气必然上升,所以古人用"烝"字作"蒸"的声符并会意。

　　小篆的"蒸"字由金文演变而来。楷书的字形由小篆演变而来,写作"蒸"。

　　"蒸"字的本义是"引火用的东西"。由本义引申指"热气上升",如蒸发、蒸气、蒸蒸日上。由此又引申指"用蒸气使食物变熟或变热",如蒸饼、蒸饭、蒸馒头、清蒸、蒸笼等。

小篆

蒸
隶书

蒸
楷书

"蒸"的真正好吃

走上街头或走进商场,打开电视或翻开报纸,你便会看到许多先让你纳闷,然后会心一笑的广告。例如,卖沐浴器的称"随心所浴",将成语中的"欲"字改成同音字"浴"。卖蚊香的称"默默无蚊",将"闻"字改成同音字"蚊"。卖饮料的称"有口皆杯",将"碑"字改为"杯"。卖燃器灶的称"烧胜一筹",将"稍"字改为"烧"字。卖涂料的称"好色之涂",将"徒"字改为"涂"。卖茶叶的称"饮以为荣",将"引"字改为"饮"。开洗衣店的称"洗出望外",将"喜"字改为"洗"。卖胃药的称"无胃不治",将成语"无微不至"中的"微"改成"胃","至"改成"治"……这些广告词,大都是借用了各自合适的成语和熟语,取其相关的谐音字,表达新的意思,读来朗朗上口。看的人都心知肚明,理解制作者的用意,又觉得幽默风趣,所以大家都能接受。

但这样一来,却给我们学习汉语带来了麻烦,特别是利用汉字的谐音,会混淆用字的准确性。制作者所设计的陷阱,是有意为之。而读者,特别是青少年和学识字的儿童,若不解其义,会误以为这成语或熟语就是准确的。

借用汉字谐音,乱用成语和常用语几乎成了商家制作广告词的主要修辞手段。据说这种社会现象已引起有关部门重视,有些地方已被视为违法而被禁止。

却说南京有位小伙子,他开了家卖蒸糕蒸饺的饮食店。他请人为自家小店设计了个广告词"真的好吃"。他本意是借"蒸"字的谐音"真"字来突出小店"蒸"的特色,但人家品味不出来,还以为他强词夺理,自夸"真好吃"呢。若改成"蒸正好吃",又担心被城市管理部门视为违法。他正在为难,一位当语文老师的老顾客建议道:"你就改成'蒸的真正好吃'!"

"蒸的真正好吃",连用三个谐音字说了句大白话,既表达了蒸煮的特色,又表达了真正好吃的意思,且合情合理又合法,堪称绝妙广告词。

一字一世界

救掉入坑中的人——拯

zhěng
拯

要说"拯"字，先说"丞"字。

甲骨文的"丞"字是个会意字。上面的"廾"表示双手，当中单耳朵旁"卩"，表示跪着的人，下面是"凵"字形指深坑，这三个字形组合在一起表示用双手救援掉入深坑里的人。隶变后的楷书写作"丞"，读"zhěng"。本义为"拯救"。这是"拯"字的本字，是最早的"拯"字。"丞"字由救援引申指"帮助、辅助、辅佐"，由此成为皇帝的助手，成了官吏的称呼，这就是"县丞""丞相"，这时读"chéng"。

古人为分化字义，就在"丞"字左边加"提手旁"写作"拯"，表示拯救之义。"丞"字就专门作官吏名称使用。这样一来，小篆的"拯"字就成了个左右结构的形声字兼会意字。左边的"提手旁"作形符，表示跟手有关。右边的"丞"字读"zhéng"，作声符并会意。

因指的是深坑救人，必须用手，所以古人用"手"字作"拯"字的形符。如前所叙，"丞"字是"拯"字的本字，所以理所当然地成为"拯"字的声符了。

楷书的字形由小篆演变而来，写作"拯"。"拯"字的本义指"救助、援救"，如：拯救、拯民于水深火热之中。

拯 小篆

拯 隶书

拯 楷书

冤民难听救"拯"令

包拯字希仁，北宋时官吏，庐州合肥即今日安徽合肥人，天圣年间进士。他出任地方官时清廉，明断，颇有政绩。他的事迹在民间广为流传，是小说、戏曲中清官的代表人物。

还有位清官名叫况钟，是明朝时的官吏。他在职期间，兴利除弊，不遗余力，为明朝著名清官。

讲这两位清官，为的是引出下面一段故事。

却说清朝道光年间，安徽天长县来了位县令名叫吴必正。此人贪赃枉法，草菅人命，无恶不作。百姓有冤告到县衙，若是无钱贿赂，即使有冤有理也是枉然。天长百姓对他怨声载道，人人都想到了几百年前在天长当过县令的包拯，人人都念叨：天长何时再能见青天啊。

这天，安徽巡抚到天长巡视，他在驿馆刚住下，闻讯而来的民众，便将驿馆的大门围了个水泄不通。当地的秀才们似乎早有准备，其中一位年长的老秀才领头，他吩咐几位年轻力壮的小伙子在门口摆上香烛挽联，似乎要大做丧事的样子，将一副挽联，高高地挂在驿馆大门两旁：

> 悼包公，公来前，冤民难听救拯令；
> 挽况翁，翁去后，贪官未闻警钟鸣。

巡抚听到门外人声鼎沸，知道出事儿了，忙跑出门来看。一见这副对联，便知是百姓申冤来了。

老秀才上前，向巡抚当面陈情：天长地处偏僻之地，天高皇帝远，吴县令无法无天，百姓忍无可忍，只有祭祀包拯和况钟两位青天，向老天爷申冤了。

巡抚一看上联，这是悼包拯的，借"包拯"的"拯"字，表达冤民迫切盼望拯救的心愿。下联是挽况钟的，借"况钟"的"钟"字，表达百姓希望朝廷能惩治贪官，警钟长鸣，还百姓一个公道。

巡抚深知，众怒难犯，民意难违，事情闹大了他也吃罪不起。他当场答应撤销了吴县令的县令之职，等候朝廷发落。

约束敲打使端正——整

小篆的"整"字是个上下结构的形声字兼会意字。

"整"字由三部分组成。左上方的"束"字读"shù",作形符,表示跟捆扎整理有关。右上方的"攴"字读"pū",作形符,表示跟击打有关。下面的"正"字读"zhèng",作声符并会意。

"束"字、"攴"字和"正"字组合,指"通过约束、敲打使之端正"。

甲骨文的"束"字是个会意字,由"口"字和"木"字组成,表示捆缚木柴之义,引申指"收拾整理"。经整理才端正整齐。所以古人用"束"字作"整"字的形符。

"攴"字在甲骨文中是会意字,字形像手持小木棍敲打的形状,本义指"敲打",作偏旁时写作"攵"。因有"敲打"之义,所以古人用"攴"字作"整"字形符。

古人为什么用"正"字作"整"字的声符呢?

小篆的正字由"一"字和"止"字组成,本义指对着城邑进发,引申指"端正,不偏斜"。因为有"端正"之义,所以古人用"正"字作"整"字的声符并会意。

楷书的字形由小篆演变而来,写作"整"。

整字的本义指"整理、整顿使其整齐",如整顿配备称"装备"。整顿改编称"整编"。使其有条理、整齐称"整饬（chì）"。还有整风、整改、休整等词。"整"字由本义引申指"修理",如整容、整地、整枝、平整、修整。由本义假借指"完全的,不残缺",如整块、整片、整套、完整。由上义引申指"整齐、有序、不乱",如工整、整洁、齐整。又引申指"整数无零头",如整数、整年、整天。又假借指"使吃苦头",如整人、挨整。还引申指"办、搞、弄",如这事儿咋整?

细说东北方言的"整"

东北方言中的"整"字,相当于普通话中的"弄"字。

东北人把"整"字用作"弄"字词义的情况较多,一般把不必说的动作,或不好明白说出来的动作,都用"整"来表示。如:"饭整好没?"这个动作是不必多说的。"这下咋整呀?""你这衣裳哪整的?"这些都是很难说的动作,就用"整"字来概括。

除此以外,东北人说"整"字还有特殊意思。这种意思是不能用"弄"字来代替的,如"整人",不是普通话中伤害人或处罚人的意思,而是开玩笑、捉弄人。"整事儿""整景儿",这里有"琢磨、从事"的意思。在酒桌上,东北人举着酒杯劝酒,说:"整下去!"这儿的"整"是"喝"下去,当然也包含了"喝光"的意思,但重在"喝"字,不在"整"字。

因为东北人对"整"字的用法有点儿特殊,不明就里的人听了往往会闹笑话。

小朱是从小在南京长大的小伙子。这年春节他去沈阳看望多年不见的外公外婆。假期结束,他买好第二天上午十点钟的飞机票回南京。外公年老记性差,他忘了外孙飞机起飞时间,担心他误了事。睡到半夜,他起床去叫醒外孙问:"孩子,几点?"

小朱睡眼朦胧,看看手表说:"十点。"外公又问:"十点整?"小朱说:"对,十点整!"

外公喊醒外婆,两人在厨房忙碌起来:打鸡蛋,煮牛奶,整了一桌丰盛的早餐,又将沉睡中的外孙叫醒:"孩子,整好了,起床快吃吧!"小朱再次被叫醒,一看手表十点,离飞机起飞早着呢。

显然,是祖孙二人,各将"整"字的意思理解错了。

"整"字在其他方言中也被用到,但没东北人用得普遍。对于不必讲得太明确的话,在双方都能理解的情况下,一个"整"字将意思全搞定,大有一切尽在不言中的意味,自有其神奇之处,所以被人们誉为"神奇动词"。这个"整"字,几乎可跟最神奇的动词"打"字相媲美了。

一字一世界

横平竖直好一个 正

zhèng
正

甲骨文
金文
小篆
隶书
楷书

　　"正"字横平竖直，方方正正，正好五画。人们在统计选举票或计算数字时，常常用"正"字来计数。这样既简便，又明确。

　　甲骨文、金文和小篆的"正"字，字形大致相同，下面都是"止"字，是脚趾的形状，表示用脚在走路。走向哪儿？甲骨文的上方是个空廓的"口"，金文是个黑圆点，而小篆变成了一横。不管这形状如何变化，都是表示在走向城镇。走向城镇并非是去游玩，而是有征战讨伐的意味。所以"正"字的本义是"攻打、征战、征服"。又因为人们直奔目标而去，所以"正"字后来又以正中、正直来解释。由于后来"正"字多用来表示正中、正直等意思，人们就另造一个"征"字来表达征服、征战。

　　"正"字由正中、正直这层意思又引申为人的品行端正、正经。由于"正"代表标准方向，表示正确，所以又表示正面，如若错了，改过来便是"改正"，符合标准是"正常"，正式的文件为"正本"，符合事实的为"正确"，符合规定的为"正规"，符合传统的派系为"正宗"，纯正的颜色为"正色"，正经的事为"正事"，官方编写的历史为"正史"……

　　也有学者认为，"正"是由"一"和"止"构成，意思是"止于一"。所谓"止于一"，就是万物要合于一，即一切要以"一"为准则。"一"是最终追求的目标，"止于一"就是追求崇高目标。

一年而止——正

这段历史故事，是梁朝年间的事，大约在公元551年前后。

梁朝的豫章王名叫萧栋，他是梁高祖的孙子，于梁大宝二年为侯景所立。谁知他二月刚当上皇帝，八月便被侯景废了，真是短命得不能再短命的帝王了。

当时一些文士，探究起萧栋失败的命运时，都不约而同地将目光投向了他所立的年号。

萧栋当政时年号定为"天正"，文士们认为，"正"字拆开，是"一止"，即一年而止，取这个寿命极短的年号，这一朝代当然会很快灭亡。

隆重祭奠——郑

zhèng
郑

甲骨文
金文
小篆
隶书
楷书

甲骨文和金文的"郑"字和"奠"字用同一个字形，都像置酒于案桌上，隆重地祭奠祖先与神灵。这是个会意字。

小篆的字形由金文演变而来，写成"鄭"字，成了个左右结构的形声字兼会意字。它在左边另加了"邑"字，表示城池，指人群聚居的地方。这个字用右耳刀旁"阝"代替。左边的"奠"字读"diàn"，作声符。这两个字形合在一起，指人们聚居的地方，有人认为，指的是周朝时分封的"鄭国"。

古人为什么用"奠"字作"鄭"字的声符呢？因为"奠"字本来就和"鄭"字同为一个字，所以古人用"奠"字作"鄭"字的声符并会意。

"邑"字和"奠"字组合在一起，有两个意思。一是表示隆重的祭奠仪式，二是指周代的诸侯国郑国。

楷书的字形由小篆演变而来，写作"鄭"，现简化为"郑"。

"郑"字的本义指"隆重祭奠"。至于用作郑国国名，那是后起之义。

郑字表示"祭奠"，因祭奠是非常隆重而严肃的仪式。严肃认真称为郑重。形容对待事情非常严肃认真称郑重其事。郑重考虑、郑重声明都是这一意思。

周朝时的郑国，在今河南新郑一带。

"郑"字也作姓氏用。

郑和姓"郑"的来历

中国有句豪言壮语："行不更名，坐不改姓。"话虽如此，做起来谈何易。自古以来，不知有多少平民百姓乃至文武大臣、英雄好汉，在万般无奈，忍辱含垢或某种复杂的心情下，改了姓名。这样的故事数不胜数，我们试举几例。

不得不改姓的，大致有三种情况，它们都与皇权有关。一是避讳皇帝的年号或名字，以及他祖宗三代的姓名。如后晋高祖名叫石敬塘，这下全国姓"敬"的人可就倒霉了，为了避国讳"敬"字，凡姓"敬"的都改姓"苟"或"文"字。

有些皇帝为巩固王位，常将反对派赶尽杀绝，这叫"灭九族"。将临灭顶之灾的这些族姓，就改姓埋名，远走他乡了。

除了避讳和防止被灭族，有些家族被改姓，还另有一个原因，便是因皇帝赐姓和赐名引起的。有些皇帝为了维护和加强统治，会使出软的一手，将皇族的姓或别的姓赐给有功之臣，笼络人心。

明朝伟大的航海家和外交家郑和，是云南昆阳人，回族，原姓马，十岁时被明军掠走带到南京，被迫当了太监，进入朱棣的燕王府当差。因郑和在家排行老三，人称"三宝太监"。后来改姓名为"郑和"，是朱棣当了皇帝后赐给他的，为的是表彰郑和在至关重要的一场战役中立了大功。

朱棣是夺取侄儿建文帝的皇位才当上皇帝的，史称"靖难之变"。在这一激烈的战役中，郑和英勇奋战，立了大功。打仗的地方叫郑村坝，在今日北京大兴县境内。朱棣当上皇帝后，嘉奖有功之臣，他首先想到了郑和。他亲笔写了个斗大的"郑"字赐给他，并封郑和为内宫监太监，属四品大员。皇帝亲自封官赐姓，在当时被视为莫大荣耀，从此马和改姓为郑和。

郑和七下西洋，在归国途中病逝于今印度卡利卡特。船队回国后，宣宗皇帝赐葬于南京牛首山南麓。因郑和曾任南京守备，一生定居南京，部分跟随他的舰队官兵也随他居住南京，并逐渐改姓郑。今牛首山山南村形成了郑村，郑村人自称愿世世代代当郑和的守墓人。

尽力支撑——挣

zhèng 挣

小篆 挣
隶书 挣
楷书 挣

　　古代的"挣"字是个左右结构的形声字。左边是提手旁，表明这个字与手有关。右边的"争"字是声符。"挣"的本义指"尽力支撑"，如：敌人作垂死挣扎、硬挣起来。

　　要了解"挣"字为什么会有这一本义，我们还得考究一下声符"争"字。

　　"挣"的繁体字是"掙"，右边简化为"争"。

　　金文的"争"字是会意字，像两只手或两个爪子在争夺一件长形物品。小篆的"争"字也像两只手在争夺物品——这物品就是长长的一撇。其本义是抢夺的意思。

　　"争"字本身就有争夺、抢夺的意思，让人感觉到是依靠自己的力量，尽力去拼搏、争取。这个"争"字再与提手旁结合在一起，就更能体现尽力支撑的意味了。

　　"挣"转义为用力摆脱，如挣脱、挣开、挣断、挣命。

　　"挣"多用于用劳动获取报酬，如挣钱、挣饭吃、挣工资。

瓦当欣赏

秦汉画像瓦当

用手劳动"挣"钱

关于"挣"字，有这么一段文字故事。

中国有位著名的经济学家，名叫厉以宁。这天，厉以宁在南京一所大学演讲。

演讲时，有位大学生提问："请问厉先生，我们年轻人应该如何创业致富？"

厉以宁微笑着说："这个问题很好回答。"说着，他回转身在黑板上写了一个"挣"字，然后说道："各位同学，'挣'字左边是个'手'，右边是个'争'。这是说，财富是用手辛勤劳动，靠自己争来的。如果吃不得苦，流不起汗，想致富就是白日做梦。"

话音刚落，课堂上已响起热烈的掌声。